TINTI

AUF SCHMALEM
JÄGERSTEIG

Karlheinz Tinti

Auf schmalem Jägersteig

LEOPOLD STOCKER VERLAG

GRAZ – STUTTGART

Umschlaggestaltung: Atelier Geyer, Judendorf-Straßengel
Umschlagfoto: Manfred Danegger; Foto des Autors: Raderbauer
Aquarelle im Text: Dr. med. Jörg Mangold

Die Deutsche Bibliothek – CIP-Einheitsaufnahme

Tinti, Karlheinz:
Auf schmalem Jägersteig / Karlheinz Tinti. –
Graz ; Stuttgart : Stocker, 1998
ISBN 3-7020-0807-1

Hinweis:
Dieses Buch wurde auf chlorfrei gebleichtem Papier gedruckt.
Die zum Schutz vor Verschmutzung verwendete Einschweißfolie ist aus Poly-
ethylen chlor- und schwefelfrei hergestellt. Diese umweltfreundliche Folie verhält sich grundwasserneutral, ist voll recyclingfähig und verbrennt in Müllver-
brennungsanlagen völlig ungiftig.

ISBN 3-7020-0807-1
Printed in Austria
Gesamtherstellung: Druckerei Theiss GmbH, A-9400 Wolfsberg

Inhalt

Die große Pause

Als Belohnung für die eben erst recht erfolgreich bestandene Matura hatte mich mein Vetter und Ziehvater, unvergeßlicher Helfer und Freund, auf einen Bock eingeladen. Es sollte mein erster sein. Am Fuße des Untersberges bei Salzburg führte mich der Jäger auf einen guten Stand im hohen Holz. Es war Blattzeit, und die Böcke sprangen, daß es eine Lust war. Aber ein Kümmerer war dem „Greenhorn" zugedacht. Was tat's – ich hatte wohl gelernt und auch gespürt, daß das Erlebnis wichtig ist und nicht die Trophäe.

Ich war schrecklich aufgeregt. Da – aus einer nahen Dickung preschte ein Bock, verhoffte kurz und stand direkt auf uns zu. Ein Seitenblick auf den Jäger bestätigte mir: Er ist es! Ich fuhr auf und machte krumm. Im Schuß brach der Bock zusammen, wurde aber gleich wieder hoch und ging klagend ab. Nicht weit von uns tat er sich schwerkrank nieder, immer laut klagend. Ich war zutiefst erschüttert. Wir pirschten uns an, und endlich, nach qualvollen Minuten, als der Bock versuchte hochzukommen, brachte ich den Fangschuß an. Sein Klagen war verstummt. Am Anschuß sahen wir – die erste Kugel mußte im hohen Holz einen Zweig getroffen haben, und der Querschläger hatte den Bock schrecklich zugerichtet. Nachdem die rote Arbeit getan war, die ich damals noch nicht verstand, traten wir schweigend den Heimweg an. Als ich gedankenvoll mein Gewehr versorgte, wußte ich nicht – aber ich ahnte es –, daß ich sobald keines mehr in Händen halten sollte. Die Jagd, kaum begonnen, war mir verleidet. Sagt nicht, ich sei zimperlich gewesen. Das erste Erlebnis ist vielleicht das stärkste. – Es kamen der Krieg und die Fremde, und die Jahre gingen. Heimgekehrt hatte ich das Glück,

Ausgang zu haben in einem kleinen aber feinen Revier mit Hochwild, Gams und Reh. Ich ging oft mit, acht Jahre lang, war Tag und Nacht im Wald – bis langsam, langsam die böse Erinnerung verblaßte und neue Jagdlust mich erfüllte. So drückte ich noch als „Alter" die jagdliche Schulbank und gehe heute als ein freier Jäger, in Eid und Pflicht genommen, frohgemut dem heimlichen Grunde zu. Dort steht eine alte, halbverfallene Kanzel, und seit langer Zeit fiel kein Schuß in dieser Gegend. Da muß doch was los sein!

Es hilft nichts, von unten ist nichts zu sehen in dem stark überriegelten Gelände. Ich muß hinauf. Mit einem Klimmzug überwinde ich den abgemorschten Unterteil der Leiter und mache es mir oben vorsichtig in der wackligen Kanzel bequem. Meinen Mantel nutze ich als Verblendung gegen jenen Teil zu, in dem ich den Bock vermute. Noch scheint die Sonne, der Wind ist günstig, und der erlernte Spruch fällt mir ein: Wind im Gesicht und Sonne im Rücken sind des Jägers hohes Entzücken. Noch ist also Zeit.

Die Sonne sinkt, und eine tiefe Regenwolke sprüht einen kleinen sommerlichen Schauer über mich. Ich kann mich nicht schützen, der Mantel hängt an der Kanzel.

Da – ist es möglich –, wie von St. Hubertus hingezaubert steht ein Bock, nicht weit, auf 60/70 Schritt im hohen Gras. Rasch angesprochen – jung, schwach vereckt, eine Stange blendet auf sechs, eng gestellt – ein IIb, wie er im Büchel steht. Meine Pulse schlagen, ich bekämpfe das Jagdfieber, und langsam komme ich zusammen und lasse fliegen. Der Bock liegt im Feuer. Eine tiefe Freude durchströmt mich. Zweiundzwanzig Jahre sind ausgelöscht …

Ich überdenke die lange Zeit und all die wechselvollen Geschehnisse dieser Jahre. Dann gehe ich zu meinem Bock und gebe ihm den letzten Bissen.

Nun hängen sie beide in der Jagdhütte, nebeneinander. Der erste und der zweite Bock, der so eigentlich mein erster im vollen Sinn des Waidmanns ist. Nur 50 Zentimeter trennen die beiden Krickel, aber dazwischen spricht zu mir – die große Pause.

Ostern am Berg

Vor einer Woche war es gewesen – am Palmsonntag. Man hatte sie schon von weitem gehört. Dann war hinter der Kuppe, über die der Weg zur Jagdhütte führt, erst ein schwankender Palmbuschen auf langer Stange erschienen und schließlich die ganze Keuschlerfamilie, die sich an der Stange festhielt. Holladaroh!

Nach dem Kirchgang und der Palmweihe hatten sie wohl ein wenig zuviel „aufgegossen". Es sei den hart arbeitenden Menschen, diesen „Jakobs den Letzten", die ihren Berg nicht verlassen und sich an die Scholle krallen, von Herzen vergönnt. Wir liefen die paar Meter hinauf, machten eine Maut, und mit einem Stamperl aus unserer bauchigen Flasche mit dem guten „Doppelten" kauften sich die Bergler den weiteren Heimweg frei.

Ja, das war vor einer Woche gewesen, dann kam die stille Zeit der Karwoche, und nun am Karsamstag machen wir uns bereit zum Aufstieg auf ein kleines Hochplateau. Ein Bergbauer hat da seine Wirtschaft, einen Almgasthof dazu, und dort auf der großen, nicht steilen Wiese treffen sich seit Jahren die Bewohner der Gräben rundum, um gemeinsam das Osterfeuer abzubrennen. In der Dämmerung ziehen wir los durch den vertrauten Tann des eigenen Reviers und erreichen bei Einbrechen der Dunkelheit den Z'sammverlaß. Im Westen hinter den hohen Schneebergen steht noch das verklingende, tiefdunkle Abendrot. Dann ist Nacht.

Die meisten Nachbarn sind schon da. Bauern aus dem Graben, der vom anderen Bezirk herauführt, Keuschler, die neben ihrem Beruf im Tal eine kleine Wirtschaft am Berg betreiben. Förster und Jäger aus allen Revieren rundum, wohlbekannt von so mancher Wildfolge-Nachsuche, von gemeinsamen Rieglern, von Hochzeiten, Begräbnissen und vom berühmten Bratwürstlschmaus, der uns alljährlich im Spätwinter im hintersten Graben vereint. Das sind lauter g'standene Leut', die der steirische Jahrlauf zu einer verschworenen Gemeinschaft verschweißt hat. In guten und schlechten Zeiten aufeinander angewiesen, gottesfürchtig, trotz verschiedener politischer Ansichten fröhlich miteinander, hilfsbereit und von einer unwahrscheinlichen Musikalität. Fast jeder spielt ein Instrument, und die Kapellen aus unseren Gräben sind weit über die Grenzen unseres Landes bekannt. Es ist das Volk der Alpen, gesund bis in den Kern, und wenn ich beim kräftigen Handschlag zur Begrüßung in die markigen Gesichter in der Runde schau', dann ist mir trotz all der Anfechtungen unserer verrückten Zeit um unsere Heimat nicht bang.

Es ist ganz windstill; die Stimmung ist feierlich, erwartungsvoll. Ein großer Holzstoß ist vorbereitet, und weiter oben stehen drei Kreuze. Ein großes in der Mitte, zwei kleinere rechts und links. An diese breiten Kreuze sind mittig in voller Länge und Breite Kienspäne genagelt. Nach einem kräftigen Begrüßungstrunk versammeln wir uns im Halbkreis, entblößen unsere Häupter, ein weißhaariger Bauer spricht ein kurzes Gebet und entzündet andächtig die Kreuze. – Hei, wie der Feuerschein auflodert!

Der Kien beginnt kräftig zu brennen. Die Flamme läuft die Kreuze hinauf, die Querbalken entlang, und dann stehen sie in vollem Brand. Und da geschieht etwas Merkwürdiges – die Kreuze beginnen zu weinen. Sie weinen flammende Tränen. Von den Querbalken tropft der brennende Kien, durch den raschen Fall erlöschen die Tropfen auf halbem Weg, und Hunderte kleine Rauchwölkchen kringeln sich, vom Feuerschein beleuchtet, nach oben. Ich bin seltsam berührt. Dieses Ab und Auf von fallenden, brennenden Harztropfen und ihnen entgegensteigenden Rauchkringeln fasziniert mich. Gebannt schaue ich ins Feuer. Den anderen geht es gleichwohl so. Wir schweigen. Nur das Knistern des Kienfeuers durchbricht die Stille. Dann ist der Kienspan abgebrannt. Die Flammen haben das Holz der schweren Kreuze erfaßt, die nun in vollem Brand stehen. Da löst sich die Spannung, Juchzer erschallen, und wir wenden uns hangab dem großen Holzstoß zu, der nun angezündet wird. Scherzworte fliegen hin und her. Ein junger Heimatdichter verliest ein extra für diesen Abend verfaßtes Poem, in welchem alle Begebenheiten des letzten Jahres durchgehechelt und alle Schwächen der Bergbewohner schonungslos aufgedeckt werden. Das gibt ein Gelächter. Auch ich bekomme ordentlich eins übergebraten. Ja, der Wald hat Augen und Ohren. Die Krüge machen die Runde, und man läßt sich abwechselnd vorn und hinten rösten. Nachdem der Stoß genügend niedergebrannt ist, machen sich die Jüngeren zum Feuerspringen bereit – manch einer springt ein wenig zu kurz. Hei, wie die Funken stieben, wenn der Bergschuh beim Aufsprung am Rand des Feuers landet. Ich mache auch mit, ein bisserl seitlich halt, wo der Stoß nicht so hoch und das Feuer nicht so breit ist. Anfeuernde Rufe kommen von allen Seiten. Da ist ein Glitzern in den Augen der Burschen und jungen Männer. Die Mädchen und jungen Frauen stehen lächelnd um das Feuer, die Hände vor dem Leib verschränkt. In ihren schimmernden Augen zaubert der Widerschein des Feuers einen seltsamen Glanz. Ruhig und erwartungsvoll stehen sie da, ein Teil der Mutter Erde. Ich glaube, übers Jahr gibt's viele kleine Bäuerlein, Jäger und Förster.

Ein Knall bricht durch die Nacht. Der erste Böllerschuß! Eine Milchkanne mit kleinem Loch im Boden, Karbid und Wasser hinein, der Deckel an langer Kette, mit Lappen abgedichtet, fest darauf, und schon ist der Böller fertig. Eine lange Fratten ins Feuer gehalten und das brennende Ende vorsichtig dem Bodenloch der Kanne genähert, und schon tuscht es. Wir werden immer kecker. Immer näher kommen wir der Kanne, immer kürzer wird die Lunte. Zuletzt steht einer auf der Kanne und der andere zündet mit dem Streichholz. Leichtsinn, sicherlich, aber ein herrliches Gefühl von Gefahr und Freiheit. Am Ende der Knallerei hab' ich eine verstauchte Hand, und dem Wirt fehlt eine Fingerkuppe. Sei's drum! –

Abgekämpft und verschwitzt, aber glücklich und zufrieden stapfen wir hangab, dem Wirtshaus zu. Auf uns warten der

Osterschinken – rote Eier – der weiße Striezel und viele Köstlichkeiten mehr. Oben am Hang – aber glosen noch die zusammengestürzten Kreuze und der mächtige Holzstoß. Von den Kuppen und Hängen umher leuchten andere Feuer in den Nachthimmel über der geliebten steirischen Heimat. Ostern am Berg! Noch ein Blick rundum, dann treten wir ins Haus. –

Fährten lesen...

Ein guter Hirsch im hohen Tann,
in uns'rer Welt ein großer Mann,
sie leben nicht dem Augenblick,
sie lassen ihre Spur zurück.
Vertiefe dich in ihre Wesen:
Fährten deuten – Spuren lesen!

Ein Hase in dem weißen Feld,
ein Hasenfuß in uns'rer Welt.
Auch dieser Eindruck sagt dir viel.
Woher des Weg's, wo liegt das Ziel?
Es ist bei Tieren wie bei Leuten:
Fährten lesen – Spuren deuten!

Auch deine Fährte, Wandersmann,
sieht sich ein Höherer wohl an.
Bedenke jeden deiner Schritt':
Gott prüft die Spur – und er geht mit.

Die Hundskirche

Ich bejage ein schönes, großes Revier in der Nähe von St. Stefan ob Leoben in der Obersteiermark am „Liechtensteiner-Berg". So benannt nach dem eisenfreien, weißen Magnesit, den „liachten Stoanern", die bis vor kurzem dort abgebaut und industriell verarbeitet wurden. Im Revier gibt es aber auch einen aufgelassenen Eisenerztagebau, der seinerzeit die südöstlich von St. Stefan gelegene Schmelzhütte im Lomminggraben versorgte, wo Joseph Ressel, der Erfinder der Schiffsschraube, Betriebsleiter war. Chromerz wurde ebenfalls gewonnen, wovon noch der Ortsname „Chromwerk", westlich von St. Stefan, zeugt. Diese Erze und Gesteine sind eingebettet in ein großes Vorkommen einer anderen Formation. Auf den geologischen Karten ist das ganze Gebiet als „Kraubath südlich" in grüner Farbe ausgewiesen und die Sammelbezeichnung „Serpentin" angeführt. Allerdings in Klammer vermerkt: „z.T. Olivin, Tiefengestein aus der Familie der Peridotite, noch nicht zu Serpentin umgewandelt". Zwei Tagebaue am östlichen und westlichen Ende des Vorkommens gewinnen diese Gesteine.

Von der Lobming zweigt nach wenigen Kilometern, gegen Südwesten zu, ein Graben ab, der den merkwürdigen Namen „Tanzmeister" trägt. Bevor sich dieser Graben in die Lobming öffnet, treten die Steilschroffen des Liechtensteinerberges an jene des gegenüberliegenden Berges heran, so daß eine Engstelle, eine Klause, entsteht. Deshalb heißt der andere Berg auch Klausnerberg, und das Sägewerk nach der Enge grabenaus trägt den Hausnamen Klausner. So schmal ist der Durchlaß zwischen den beiden Bergen, daß Bach und Weg nebeneinander keinen

Platz finden. Daher überspannt in der Klause selbst eine Brücke den Bach.

Vor der Engstelle, nur hundert Meter grabenein, befindet sich an meiner Reviergrenze ein verrufener Ort: die „Hundskirche"! Ein mächtiger, freistehender Felsklotz, etwa fünf Meter hoch, ragt mit glatter, aber verwitterter Wand aus dem Bachbett auf. Staub und Feuchtigkeit lassen ihn fast schwarz erscheinen, obwohl er aus einem olivgrünen, eben Olivingestein besteht.

Ich habe nach einer Kletterpartie eine Probe entnommen und bestimmen lassen. Die Rückseite dieses Felsens ist etwa drei Meter von den steilen Wänden des Klausnerberges entfernt. Bevor die Russen 1945 hier an dieser abgeschotteten Stelle Munition aus deutschen Wehrmachtsbeständen sprengten, soll der Felsklotz noch mächtiger gewesen sein.

Sagen und Geschichten ranken sich um die Hundskirche, die im übrigen nicht die einzige dieser Bezeichnung in Österreich ist. Jene hier wird fallweise auch Teufelstein genannt. Es ist dies ein Synonym, ein sinnverwandtes Wort, denn der schwarze Hund wird oft dem Teufel gleichgestellt (nicht zuletzt in Goethes Faust: „das also war des Pudels Kern"), und das keltische Wort „chirk" bedeutet soviel wie Stein oder Fels.

Auch von einer versunkenen Kirche ist die Rede. Es mag vielleicht der Felsklotz, als er von den Steilschründen der „Wandeln" des Liechtensteinergebirges herabstürzte (die Gesteine da und dort sind ident), ein Kirchlein, das an dieser Stelle stand, zerstört haben, oder der Bach könnte das Kapellchen bei einem Hochwasser weggeschwemmt haben. Denn früher führte der Weg an der Hundskirche vorbei, der Bach floß auf der anderen Seite. Heute haben sie die Plätze getauscht. Ob die Katholiken an der Stelle eines heidnischen Heiligtums – wie so oft – ein Kirchlein errichtet haben, ob die Lutherischen in der Gegenreformation, hier an diesem versteckten Ort, ihre Gottesdienste abhielten, ihr „hundsföttisches Teufelswerk" betrieben, darüber streiten sich die Gelehrten. Aber von all den realen Erklärungen läßt sich das Volk nicht beeindrucken. Das will seine Geschichten haben, die von Generation zu Generation weitergegeben wurden. Daß hiebei der Zeitplan ein wenig aus den Fugen geraten ist, stört die

Leute wenig. Auch hat sich bei der mündlichen Überlieferung manches verändert. Vieles wurde ausgeschmückt, manches geriet in Vergessenheit. Der Kern der Aussagen blieb erhalten.

Franz, seines Zeichens Holzmeister und vor allem Obertreiber, der den Liechtensteinerberg wie seine Tasche kennt und zu jedem Hirschriegler eine Treibergarde auf die Beine stellt und befehligt, hat mir die Sagen und Geschichten erzählt, wenn er nach einem Riegler noch ein wenig hocken blieb, nachdem die Schlacht des „Schlüsseltriebes" geschlagen war, die Jagdgäste und Treiber sich verlaufen hatten. Das Feuer im Ofen der Stube knisterte, die Balken der Hütte ächzten und knackten, und der Wind pfiff ums Haus. Da konnte es schon richtig gruselig werden.

Und hier sind sie nun, die vier Geschichten um die Hundskirche, die ineinander übergehen. Franz hat sie von seinen Eltern erfahren und diese wieder von ihren Altvordern. Sie sollen nun aufgeschrieben werden und so der Nachwelt erhalten bleiben.

An der Einmündung des Tanzmeistergrabens in die Lobming steht ein halbverfallenes, großes Haus von schönem Ebenmaß. Es diente bis vor kurzem noch immer seiner einstigen Bestimmung – als Wirtshaus. In alten Tagen war es der einzige Bau in der Vorlobming, abgesehen von den weit verstreuten Bauerngehöften. Das Wirtshaus erfreute sich als Ort der Begegnung regen Zuspruchs. Hier wurden, von der Wiege bis zur Bahre, alle Feste gefeiert. Hier rasteten die „Sacklzieher", die das Erz vom Liechtensteinerberg zur Schmelzhütte brachten, da verweilten auch die Fuhrleute mit ihren Wagen, den „Kuhlkraxn", mit welchen sie die Holzkohle von den Meilern in der Hinterlobming oder von den Bergen rundum zu den Hämmern, ja sogar bis nach Vordernberg zu den Radwerken lieferten. Im Wirtshaus konnte man auch Dinge des täglichen Gebrauchs erwerben, Tauschhandel treiben und allerlei Geschäfte abschließen. Fahrende Handelsleute fanden sich ein und boten ihre Waren feil.

Ein Händler hatte den Markt fest im Griff. Es begab sich aber, daß ein anderer, er mag als Landmann bezeichnet worden sein oder so geheißen haben, vorhatte, nicht nur gelegentlich vorbeizuschauen, sondern sich hier für dauernd niederzulassen. Er hatte die besseren und billigeren Waren anzubieten und entwickelte sich zu einer ernsten Konkurrenz für den alteingesessenen Handelsmann.

Da faßte dieser den verhängnisvollen Entschluß, seinen Widersacher aus dem Wege zu räumen.

Im Wirtshaus arbeitete in seiner Freizeit zur Aushilfe als Hausknecht ein starker, aber einfältiger Mann, ein „Puddler" aus dem nahegelegenen Eisenwerk, um seinen kargen Lohn ein wenig aufzubessern. Den Namen hatte er vom Puddelofen in der Schmelzhütte und dieser wieder vom englischen „puddle" für „umrühren". Seine Aufgabe war es, das eingeschmolzene Roheisen, das nicht verformbar war, sondern nur vergossen werden konnte, durch Umrühren mit einer Krucke, einer Stange mit einem Haken am Ende, in Stahl überzuführen. Denn durch die ständige Umwälzung gelangten alle Teile des Schmelzbades mit Luft in Berührung, der Sauerstoff der Luft verbrannte die schädlichen Begleitelemente des Eisens, wie Kohlenstoff, Schwefel und Phosphor, und so entstand ein Produkt, das man schmieden konnte. Eine harte und gefährliche Arbeit.

Der Handelsmann machte sich an den „Puddlmo", so wurde er scherzhalber gerufen, heran und wußte ihn bald mit kleinen Geschenken an sich zu binden. Als der Händler eines Tages dem Puddler sein schlimmes Vorhaben eröffnete und vorschlug, er solle die Tat ausführen, erschrak der biedere Mann erst zu Tode, aber der in Aussicht gestellte Lohn war zu verlockend. So schlug er ein. Da ihn der neue Handelsmann stets von oben herab behandelt hatte und der Puddlmo darob einen Groll gegen ihn hegte, fiel ihm die Zusage zur bösen Tat leichter. Ein Plan wurde ausgearbeitet und als Zeitpunkt der Tag nach dem neuerlichen Eintreffen des Landmanns festgelegt.

Als der neue Handelsherr ankam, reiste der alte Händler ab und machte sich am folgenden Tage im Murtale zu schaffen, um sich ein Alibi zu besorgen. Der Puddler aber wußte den Konkurrenten für einen kleinen Ausflug zu begeistern. Im Tanzmeistergraben, so erzählte er, gäbe es eine kleine Kirche, wo sicherlich das eine oder andere schöne Stück zu „erwerben" wäre.

Dabei machte er die übliche Handbewegung für „Einstreifen" und blinzelte listig.

Alsbald machten sich die beiden auf den Weg in die einsame Gegend und vermieden tunlichst, dabei gesehen zu werden. Den Hund des Landmanns ließen sie wohlweislich zurück, um nicht durch dessen allfälliges Bellen verraten zu werden. Bei dem Kirchlein angekommen, wurde die Habgier des Händlers geweckt. Er begutachtete erfreut dies und das. Als er sich über einen vergoldeten Engel vor dem Altar beugte, schlug der Puddler mit seinem Bergstock zu. Dem Stürzenden machte er mit einem Knüppel, den er zuvor in der Kirche versteckt hatte, vollends den Garaus.

Die Leiche war bald verscharrt. Der starke Puddler wälzte schwere Felsbrocken, die von den steilen Wänden des Liechtensteinerberges herabgekollert waren, über das Grab. Dann schlich er wieder zum Wirtshaus zurück und ging seiner gewohnten Arbeit nach.

Am späten Abend des gleichen Tages schritten zwei Jäger, die oben in der Steireralm gewaidwerkt hatten, rüstig den Tanzmeistergraben talaus und strebten fröhlich plaudernd und ihre Jagderlebnisse wiederholend der Klause zu.

Plötzlich erstarrten sie. Wo war die Kapelle geblieben? Wie vom Erdboden verschluckt! An der Stelle, wo sie gestanden hatte, erhob sich ein mächtiger glatter Felsklotz. Und nicht genug damit. Oben auf der Spitze des schwarzen Steines saß die wohlbekannte dreifärbige Katze aus dem Wirtshaus, machte mit gesträubten Haaren einen Buckel und maunzte in den höchsten Tönen. Deutlich war zu verstehen: „Der Puddlmo hat den Landmann daschlogn, der Puddlmo hat den Landmann daschlogn!" Und hinter dem Felsen war – o Graus – ein schauerliches Heulen eines Hundes zu vernehmen. Die Jäger bekreuzigten sich und liefen, wie von Furien gehetzt, durch die Klause und langten völlig atemlos beim Wirtshaus ein. Dort berichteten sie den Anwesenden mit übersprudelnden Worten von ihrem schrecklichen Erlebnis. Da kamen sie aber an die Falschen. Die Leute im Wirtshaus bogen sich vor Lachen und deuteten auf die Hauskatze, die friedlich auf der Ofenbank lag und schnurrte. Das sei ein gar köstliches Jägerlatein, was sich die beiden Spitzbuben da ausgedacht hätten. Eine Nachschau ergab, daß auch der schwarze Hund des Landmann angeleint vor seiner Hütte lag und schlief.

Der Puddler aber, der die Szene belauscht hatte, machte sich eiligst aus dem Staube und versteckte sich in der Vorlobming, dort, wo für den nächsten Tag ein Treffen mit dem Handelsmann vereinbart worden war.

Als dieser am folgenden Tag eintraf, um sich von der vollbrachten Tat erzählen zu lassen und dem Puddler seinen Schandlohn auszuhändigen, berichtete dieser mit fliegenden Worten, was sich zugetragen hatte. Der Händler wurde zornig und meinte, mit dieser Raubersgeschichte wolle das Puddlmandl nur seinen Lohn in die Höhe treiben. Der aber schwor Stein und Bein, dies sie die reine Wahrheit. Gut, sagte der Auftraggeber des grausamen Mordes, er wolle sich an Ort und Stelle überzeugen, ob wirklich die Kirche verschwunden sei, jetzt ein Felsblock an ihrer Stelle stehe, eine Katze dort maunze und ein Hund belle. Wenn das alles nicht wahr wäre, würde er dem Puddler etwas von seinem Lohn abziehen. Hätte es aber seine Richtigkeit, würde er den Lohn erhöhen, so daß der Puddler außer Landes gehen könnte. Gesagt, getan. In der Dämmerung machten sich die beiden auf den Weg.

Im Wirtshaus, am nächsten Morgen, da begannen sich die Leute doch Sorgen zu machen. Der Wagen des Landmann stand nun schon den dritten Tag verlassen im Hof, vom Händler war nichts zu sehen, und sogar sein Hund war verschwunden. Sie neigten nun doch dazu, den Worten der Jägers Glauben zu schenken. So erklärten sich einige beherzte Männer bereit, bei der Kirche im Tanzmeistergraben Nachschau zu halten.

Was mußten sie, dort angekommen, Schreckliches erblicken. Da lag in seinem Blute der alte Handelsmann, über und über zerkratzt und zerbissen. Eine klaffende Wunde an seiner Gurgel hatte ihm den Garaus gemacht. Und als man weiter suchte, da fand man ihn, den Puddlmo. Der hing kalt und steif an einem Föhrenast hinter dem unheimlichen Felsen. Er hatte sich selbst gerichtet.

Von Stund an hieß die Stelle im Volksmund die „Hundskirche" und blieb ein verrufener Ort.

In hellen Mondnächten aber konnte man vom Wirtshaus aus im Tanzmeistergraben einen Hund heulen hören.

Viele Jahre später saßen eines Abends am Liechtensteinerberg fünf Männer in einer Rindenhütte, wie sie die Holzknechte gerne errichteten, beisammen. Sie hockten auf den Strohsäcken der Lager und verzehrten den Brennsterz, den sie sich auf der Feuerstelle in der Mitte der Hütte bereitet hatten. Die Männer, ein Köhler mit seinem Helfer, ein Holzknecht und zwei Fuhrleute, sprachen bedächtig über die Arbeit des Tages und ihre Pläne für den nächsten Morgen.

Ein großer, gelber Vollmond stieg über dem Klausnerberg auf.

Plötzlich hörte man vom Tanzmeistergraben herauf das langgezogene Heulen eines Hundes. Die Köhlersleute, der Holzknecht und ein Fuhrmann erschraken, senkten die Köpfe und bekreuzigten sich. Der andere Fuhrmann, der von den Radwerken in Vordernberg gekommen war, um Holzkohle vom Berg zu holen, verwunderte sich über das Gehaben der vier Männer und fragte nach dem Grund.

Das sei der Hund vom erschlagenen Landmann, der da heule. Da sich auf dem Gesicht des Fuhrmannes, der zum ersten Male die Kohlenfracht übernommen hatte, verständnisloses Staunen spiegelte, erzählten ihm die Freunde die Geschichte von der Hundskirche.

Als sie geendet hatten, lachte der Fuhrmann hell auf, meinte, das Heulen käme sicher von einem einsamen Wolf und die ganze Sache wäre doch nur ein Hirngespinst. Er höre sich diesen Unsinn nicht länger an und gehe im übrigen schlafen, weil er sich schon in aller Frühe auf den weiten Weg nach Vordernberg machen wolle.

Am nächsten Tag spannte der fremde Fuhrmann sein Pferd vor den Wagen, den er schon am Vortag beladen hatte, und begann die Fahrt auf dem „Arzweg", der in steilen Serpentinen in den Tanzmeistergraben führt.

Der Köhler und sein Helfer beluden die „Kuhlkraxn" des anderen Fuhrmannes, der sich alsbald ebenfalls zur Talfahrt rüstete. Als er zur „stoanigen Raid", einer felsigen Kehre, kam, sah er auf dem Weg Holzkohle liegen. Die Sträucher am Wegrain zu den Wandeln waren geknickt. Böses ahnend lugte er über den Rand des Erzweges. Da fanden sich in der steilen Runse Räder und Teile des Wagens des fremden Fuhrmannes. Der aber lag hundert Klafter tiefer, just dort, wo die Rinne im Tanzmeistergraben endet – am Fuße der Hundskirche. Mann und Roß hatten sich zu Tode gestürzt.

Nicht allzulang nach diesem gräßlichen Unfall traf sich eine fröhliche Runde beim „Lakel", einem Gehöft am Liechtensteinerberg, dort, wo sich die Hänge allmählich in die Lobming senken. Die Klause des Tanzmeistergrabens und die Hundskirche dahinter liegen nahebei, rechter Hand zurück.

Der Franz, der Sepp, der Hubert und der Kajetan waren gute Freunde und wollten den Geburtstag eines der Ihren gebührend feiern. Bei Kartenspiel und Gesang verflogen die Stunden. Dem Biere war reichlich zugesprochen worden, die Stimmung auf dem Höhepunkt. Lustige Begebenheiten wurden erzählt und belacht, aber auch Geschichten aus alten Tagen zum besten gegeben. Freilich durfte dabei nicht die Hundskirche und der Todessturz des fremden Fuhrmannes fehlen.

Da schlug die Kuckucksuhr in der Stube Mitternacht. Plötzlich war im Hause, etwa vom Dachboden her, ein Poltern und Kollern zu hören. Ein Ächzen, wie splitterndes Holz, war auch deutlich zu vernehmen.

Die Männer in der Runde waren alsogleich verstummt. Es gruselte sie gehörig. Aber Hubert, der den größten Schwips hatte, rief übermütig: „Lakelmuata, Feierabend!"

Das Rumoren und Gepolter hörte schlagartig auf. Der Bann war gebrochen, und dröhnendes Lachen erfüllte die Stube.

Aber Sepp, dem das Hirn noch nicht ganz vernebelt war, wurde plötzlich ernst und meinte: „Die Lakelmuata is doch goa net dahoam. Die is doch bei da Schwesta in Michel."

Da wurden auch die anderen auf einmal stocknüchtern. „Vielleicht ist die Bäurin früha hoamkomman", sagte zaghaft der Ka-

jetan, „die orbeit jo imma bis in die Nocht." Eine Nachschau ergab – keine Bauersfrau im Haus.

Franz wurde schreckensbleich: „Des woa da Fuhrmonn! Du,
Hubert, bist a Sonntagskind. Dir hot der Herrgott den richtigen
Bannspruch eingebn."

Ein kalter Schauer rann den Freunden über den Rücken, sie
zerstreuten sich rasch und strebten eilig ihren Behausungen zu.

Aber immer, wenn es rumorte und polterte auf der Manghube, der Fellhube oder der Hörandhube am Liechtensteinerberg, da riefen die Keuschler laut: „Lakelmuata, Feierabend!"
Und es hat geholfen. Meistens, jedenfalls.

Wenn einmal ein Wanderer aus der Stadt dort oben vorbeikam
und die Geschichte hörte, so meinte er, das Kollern käme sicher
von den Bilchen oder gar vom Hausmarder. Da schüttelten die
Leute den Kopf und sagten: „Der Fuhrmann geht um, der Fuhrmann geht um."

Irgendwann einmal, nachdem der Fuhrmann auf so tragische
Weise sein Leben verloren hatte, errichteten fromme Hände auf
der Kuppe der Hundskirche ein schlichtes Holzkreuz.

So wurde nun doch der verfemte Ort zu einer christlichen
Stätte, und der böse Fluch schien gebannt.

Eines Tages, im Winter war's, da streiften zwei Holzknechte
eine Fuhre den Tanzmeistergraben talaus. Pferde waren vor einen Halbwagen gespannt, die langen Bloche schleiften auf der
glatten Schneedecke des Talbodens nach.

Als sie die Hundskirche erreichten, da scheuten plötzlich die
Pferde und stiegen hoch. Es mußte anscheinend doch ein Rest
von dem unseligen Geist dort verblieben sein. Die ganze Fuhre
war in Unordnung geraten, eine Kette gesprengt und die Ladung
verrutscht.

Der eine Holzknecht riß wütend am Zaumzeug und fluchte:
„Kruzitürkenhimmelherrgottsakramentkreuzdividominiumana-
rand!" Sein Freund ermahnte ihn zur Besinnung und er solle an
dieser heiligen Stätte nicht so gotteslästerlich fluchen.

Da wurde dieser aber erst recht fuchsteufelswild, sprang der
Hundskirche zu und schnellte seinen Körper an der hohen, glat-

ten Wand empor. Dabei schwang er seinen Sappel und schlug mit einem gewaltigen Streich das Holzkreuz herunter.

Am selbigen Tag aber, als es draußen in der Lobming ans Abladen ging, da kam ein Bloch ins Rollen und zerquetschte dem Holzknecht, der sich so versündigt hatte, die Hand, die den Sappel geführt hatte.

Der Knöchel heilte nicht so richtig, die Hand blieb steif, und der Holzknecht konnte nie mehr einer Arbeit nachgehen. Er war auf Almosen angewiesen und starb in Armut.

Das Holzkreuz aber wurde nicht mehr ersetzt, und die Hundskirche wurde wieder als verrufener Ort tunlichst gemieden.

Das waren also die vier Geschichten, die mir Franz, der Obertreiber und Holzmeister, erzählt hat. Ich habe sie nur in eine schriftliche Form gegossen.

Aber eigentlich gibt es sechs Geschichten um die Hundskirche, denn noch zwei können wir, der Franz und ich, beisteuern.

Bei einem Hochwildriegler hatte ich einen Jagdgast, einen Ingenieur aus der Oststeiermark, im Tanzmeistergraben an der Klause angestellt. Er verließ aber seinen Stand und übersiedelte zur Hundskirche, dorthin, wo vom Liechtensteinerberg die steile Runse herabführt, die seinerzeit dem armen Fuhrmann zum Verhängnis geworden war.

Und tatsächlich, just dort, kam ihm in halsbrecherischer Flucht ein Hirschel herunter. Der Oststeirer war ein braver Schütze und brachte einen guten Schuß an. Der Hirsch stürzte, zu Tode getroffen, die letzten Meter die Rinne herab und lag verendet zu seinen Füßen. Waidmannsheil!

Aber übers Jahr weilte der Jäger nicht mehr unter den Lebenden.

Zufall – oder?

Unlängst kam der Franz ganz aufgeregt zu meinem „Jagdhaus", der schlichten Manghube.

„Du, Herr Baron, i brauch dringend an Obstler, i hob ganz wos Grausliches erlebt."

Als ich ihn gelabt hatte, begann Franz seinen Bericht: „Gestern obend hob i bei da Hundskirchen vorbei müassn. Und wir i so schau, do hot wos gleuchtet am Stoan. Des is a Warnung an mi, hob i ma denkt, wal i hob doch des führende Tier beim letzten Riegler hochgmacht, das dann der Magister – wie haßt er denn glei – gschossn hot. Dem Koarl, beim Fressner daneben, hob is a scho dazöhlt. Er mant a, des is a Warnung. Geh, gib ma no an Obstler."

Jetzt wußte ich, woher der Wind weht, denn der Karl wird den Franz nicht verdursten haben lassen.

Ich versuchte meinen treuen Obertreiber zu beruhigen: „Das hast du ja nicht wissen können, daß das Tier ein Kalb führte. Und das Leuchten wird vielleicht der Widerschein vom Himmlazn an der glatten Wand der Hundskirche gewesen sein."

„Na, na, gestern woa ka Gwitter."

Ich versuchte es humorvoll: „Vielleicht war es ein Nordlicht?" Da kam ich aber schlecht an.

„Wennst a a Professor bist, brauchst mi net am Orm nehman."

„Ich habe noch eine Erklärung", beschwichtigte ich den Franz, „morsches Holz kann so stark phosphoreszieren, daß man meint, man sieht ein Riesenglühwürmchen."

„Na, na", schüttelte der Franz den Kopf, „ka Widaschein, ka Nordliacht, ka Phos...phos... Geh, gib ma no an Obstler, i bin so aufgregt."

Er kippte das Stamperl hinunter, blickte mir tief in die Augen und sagte voll Überzeugung: „I sog da, Herr Baron, an da Hundskirchn hot a Feier brennt, a Feier!"

Noch ein Stamperl, und es wäre ein Waldbrand daraus geworden. Ja, ja, es gibt Dinge zwischen Himmel und Erde ...

Die Kirchlackn

Noch eine Sage aus dem Raume St. Stefan ob Leoben, die in unmittelbarer Umgebung meines Jagdreviers am Liechtensteinerberg angesiedelt ist, soll hier erzählt werden.

Wenn man von St. Stefan kommend in südöstlicher Richtung in die „Lobming" einfährt und nicht in den schon beschriebenen Tanzmeistergraben, zu meiner Hube hin, abzweigt, sondern den Weg grabenein verfolgt, an dem Magnolithebergbau vorbei, dann öffnet sich, nach kurzweiliger Fahrt durch lichten Hochwald, der Talgrund. Hier beginnt die „Hinterlobming". Einige schöne Höfe stehen rundum, der Gruberbach springt hell vom Gruberberg herab, und der Franz wartet schon, um mich zum Ziel meiner Wünsche zu geleiten. Ein Viertelstündchen geht es durch hohes Holz den Berg hinan, bis man, etwa 150 Höhenmeter über dem Talboden, plötzlich vor einem weiten Kessel steht, der allseits von Wald und Fels umschlossen ist. Beim gemächlichen Abstieg, hundert Schritt hinunter, federt der Fuß im hohen Moos, das von Erika und Schwarzbeerstauden durchsetzt ist. Dann aber, am Boden der Senke, bietet sich dem erstaunten Auge ein seltsames Bild. Etwa über 50 m Länge und 20 m Breite dehnt sich ein tückischer Moosteppich, spärlich da und dort mit Sumpfgras bestanden. Zwischendurch glitzert Wasser. Nur ein Schritt zuviel, und schon versinkt mein Fuß im Moor. Franz zieht mich zurück. Bei näherem Hinsehen bemerke ich, daß weiter draußen im Kessel einige Erlen stehen. Franz erklärt mir, daß diese durch Samenanflug gewachsen sind, aber im flachen Moosteppich wenig Halt finden, bald absterben, oder, wenn sie zu groß und damit zu schwer werden, versinken. Das gleiche geschieht, wenn von den steilen Hängen rundum

ein Baum in die Senke stürzt. Der Kessel hat keinen oberirdischen Zu- oder Ablauf. Dennoch trocknet er nie aus, und der Moosteppich über dem Wasser bleibt immer in gleicher Höhe. Im Volksmund heißt dieser verrufene Ort seit Urzeiten die „Kirchlackn". Und hier beginnt die Geschichte.

In alter Zeit, es mag lang vor der Jahrtausendwende gewesen sein, soll hier auf festem Grund eine dem hl. Nikolaus geweihte Kirche gestanden haben. Die Bewoner der Lobming, wohl Kelten, christianisiert und fromm, hatten sie errichtet.

Nicht weit talaus, gegenüber dem schon erwähnten Klausnerberg, am Pöttlerberg, einem Vorberg des Schrakogls, bestand ein, wohl schon seit Römerzeiten betriebenes, Kupferbergwerk. (Bis in jüngste Zeit war ein völlig verfallener Stollen bekannt, und Untersuchungen hatten ergeben, daß zum Abbau des Erzes keinerlei Sprengmittel verwendet worden waren, was für ein hohes Alter spricht.) Die Bergknappen fanden sich regelmäßig zur Messe in der nahegelegenen Nikolauskirche ein.

Das Kupfererz brachte reichen Gewinn. Die Knappen, verführt vom Wohlstand, trieben in ihrem Übermut erst nur allerlei Unfug. Dann aber war es zum Frevel nur noch ein kleiner Schritt. Ihre wüsten Gelage mit wilden Weibern verlegten sie in den Kirchenraum, bei Spiel und Trunk ging es hoch her. Schließlich errichteten sie im Kirchenschiff eine Kegelbahn, und nicht selten wurde ein Totenkopf als Kugel verwendet. Hei, wie das klapperte über den Laden und in die Kegel hinein.

So ging es eine ganze Weile fort.

Eines Nachts aber, als wieder einmal eine Orgie ihrem Höhepunkt zutrieb, so um die Mitternachtsstunde, da stand plötzlich, wie aus dem Boden gewachsen, ein kleines Männchen mit langem grauem Bart vor den erschrockenen Knappen.

Das Bergmandl sprach nur einen einzigen Satz: „Wollt ihr Feuer oder Wasser?"

Die Männer, die sich vom ersten Schrecken rasch erholt hatten, höhnten in ihrem Suff den Zwerg, und einer schrie: „Wir haben ohnehin vom vielen Saufen immer Durst. Gib uns Wasser!"

Das dröhnende Lachen, das diesen Worten folgte, erstarb, als plötzlich die Kirche zu schwanken begann. Risse und Sprünge zeigten sich in den Wänden, es krachte im Gebälk, der Boden brach auf und Wasser quoll und strömte herein.

Und mit einem Donnerschlag versank das Gotteshaus mit Mann und Kirchenmaus in den Fluten.

Ein Gerechter unter den Bergknappen mag wohl überlebt und die grausige Mär ins Tal gebracht haben.

Der Wasserschwall aber, der beim Versinken der Kirche über die Felsklippe schwappte, nahm das Bildnis des hl. Nikolaus mit sich. Am Tag darauf wurde es unversehrt, an einem Hollerbuschn hängend, aufgefunden. Strauch und Bild aber wurden in die im Talgrund bald neu errichtete Kirche überführt und werden bis zum heutigen Tage verehrt.

Oben aber, am Gruberberg, wuchs rasch ein Moosteppich über den See, der sich im Kessel gebildet hatte. Merkwürdigerweise ist das östliche „Ufer" der Lackn lediglich mit schütterem, vergilbtem Moos bedeckt, ohne auch nur einen einzigen Sumpfgrashalm. Der Volksmund meint, daß hier nichts wachsen könne, denn da habe sich der Altar befunden.

Aber die Überlieferung sagt auch, daß noch durch Jahrhunderte das hölzerne Turmkreuz der versunkenen Kirche zu sehen gewesen sei.

Sogar noch in den achtziger Jahren unseres Jahrhunderts hat ein damals 93jähriges Weiblein meinem Gewährsmann gegenüber, dem lustigen Marzellus, Stein und Bein geschworen, sie hätte bei einem Schulausflug im Jahre 1897 das Kirchenkreuz, aus dem Wassermoos ragend, gesehen.

Welches Astgewirr von versinkenden Bäumen mag wohl damals das Auge des in wohlig-gruseligem Erschauern bebenden Kindes genarrt haben?

Frühling

Ich lehne
an der Hüttenwand
dort droben in den Bergen.
Das Haupt geschmiegt
an dunkles Holz
mit einem Ruch von Zeit
und Ewigkeit.
Die Sonne leuchtet rot
durch die geschloss'nen Lider
und wärmt.
Vom Dache tropft
der Schnee
und klopft
auf eine umgestülpte
alte Futterschüssel.
Sonst Stille –
Vielleicht ein ferner Vogellaut
und ein zufried'ner Schnaufer
meines Hundes.
Sonst Stille –
Da geht ein tiefes Atmen
über Wald und Flur
und unhörbares Dröhnen
zittert in der Luft –
Die Erde bricht
Frühling! –
Ich lebe!

Es ist wieder mein Revier!

Ich fahre in den Sommergraben. Der Weg schlängelt sich, langsam ansteigend, bergauf. Unter den Brücken schäumt der Bach. Es ist Frühling, und die Schmelzwasser brausen zu Tal.

Wir schreiben den 1. April. Zwanzig Meter vor der Reviergrenze halte ich an, stelle den Wagen seitlich ab und steige aus. Vor mir bauen sich steil und mächtig die Gamswandeln auf. Ich leuchte die Wände ab – nichts zu sehen. Das ist heute auch nicht so wichtig. Etwas ganz anderes bewegt mich. Ich denke an das letzte halbe Jahr – an die langwierigen Verhandlungen über die Neuvergabe der Jagd. Billiger wird nichts in dieser Zeit, und bald hat es so ausgeschaut, daß ich mir die verdreifachten Kosten einfach nicht mehr leisten kann. In diesen Wochen der Verhandlungen ging ich mit ganz anderen Augen durchs Revier. Es war ein Abschiednehmen von jedem Schlag, von den Hütten, von jedem Steig und von jedem Stück Wild, das ich sah. Ich war ein bisserl „Jakob der Letzte", der vom Berg herabsteigt und Haus und Hof verläßt. Das war eine traurige Zeit.

Aber dann kam doch die Einigung zustande. Man wird sich den Riemen etwas enger schnallen müssen. Und ich denke auch an die Waidkameraden da und dort, die ihr Revier haben aufgeben müssen. Wie mag ihnen wohl heute zumute sein? Und ich weiß, wie glücklich ich bin, daß ich mir wieder das Gewehr umhängen und hinausgehen kann, wann es mir beliebt. In meinen Wald. Denn nicht das Holz macht den Wald. Erst die Einheit von Tier- und Pflanzenwelt in ihrer schier überwältigenden Vielfalt macht aus vielen hölzernen Bäumen einen Wald. Das Erleben der Natur ist es, und nicht der Schuß. Was habe ich hier erlegt im abgelaufenen Jagdjahr? Zwei Rehböcke und einen Gamsbock. Meine Freunde haben mehr geschossen.

Aber eines habe ich in den letzten Monaten während der Verhandlungen gespürt: Daß die Jagd mein Leben ist! Und so gehe ich ein wenig zögernd die zwanzig Schritte zur Reviergrenze. Dann mache ich einen Juchzer und einen großen Satz.

Es ist wieder mein Revier!

Heimat

Du bist der Anfang und das End' zugleich
aus deinen Quellen schöpft, beglückt und reich
wer deine Sprache, die aus Tiefen kommt
versteht und wem dein Wesen frommt.
Du bist der Weg, den unser Leben geht
der Wind, der über alle Dinge weht.
Zu dir führt jeder Schritt zurück
du bist das Meer, das letzte Glück.
In dich verströme ich zu meiner Zeit
und werd' ein Teil von deiner Ewigkeit.

Nichts gesehen!

Das war ein langer Winter. An den wenigen klaren Tagen zog der Sonnenball, bleich und kalt, mühsam seine flache Bahn. Der Rest war Sturm oder trüber, kalter Alltag und Schnee, vor allem Schnee. Notzeit für alles, was da kreucht und fleucht.

Jetzt noch, mitten im April, hat die Schattseite Schnee, obwohl das Revier gerade 1000 Meter hoch liegt. Und so mancher Weg im dunklen Grund führt noch über blankes Eis.

Aber der Frühling ist nicht weit. Er liegt in der Luft, trotz Schneetreiben und Kälte. Steck nur die Nase keck in die Wolken, dort segelt er heran. Und im Blut steckt er mir schon lange. Hinaus – hinaus in den Wald ins Revier. Hahnenzeit!

Fröhlich mache ich mich auf den Weg. Von der Ernsthütte weg zum Hahnenplatz. Das sind bei strammem Marsch nur einunhalb Stunden. Aber ich habe Zeit. Es ist Vormittag, und der ganze liebe Tag liegt vor mir. Zeit zum Schauen, Zeit zum Nachdenken über Gott und die Welt.

Meinen braven Greif zur Seite, schaue ich mir eine Fütterung an. Ratzeputz ist alles Grummet weg; die Losung zeigt mir, daß niemand zu kurz kam. Rehwild, Hirsch, Tier und Kalb haben sich hier gütlich getan. Dort noch frisches Salz in die Sulzen, und weiter geht's. O weh, dachte ich es doch, im nahe gelegenen Einstand – Schälschaden! Da heißt es, fleißig streichen und nächstes Jahr mit allen möglichen Mitteln der vertrackten Gewohnheit des Hochwildes zu steuern suchen. Und vor allem die Fütterungen mit Staketenzäunen einfrieden, dann muß das Hochwild wohl oder übel weiterziehen. Bei der nächsten Lecke erwischt mich ein richtiger Schneeschauer. April läßt grüßen. Das kann die gute Laune nicht dämpfen. Bei einem Bodensitzerl komme ich ins Spekulieren. Der Einschlag im Winter gibt den Blick auf einen neuen Schlag frei, aber überriedelt. Und die alte Wiese wird aufgeforstet. Da heißt es, bald was Neues bauen. Und hier, nur hier muß der neue Sitz sein. St. Petrus schickt mir für die gute Idee einen Sonnenstrahl, einen langen, milden Strahl, der wärmt so gut und heimelig. Nun auf der Sonnseite hinunter ins Rabl-Loch. Wie prächtig hat doch die Erika angesetzt. Ein paar Tage noch, und der ganze Waldboden flammt in diesem satten, eigenartigen Rot und preist das ewige „Es werde" unseres Schöpfers. Ein kleiner Strauß am alten Hut macht sich gut zwischen Abzeichen und dem schon etwas struppigen Hirschbart.

So, jetzt bin ich unten im Grund. Wie kalt und dunkel und still ist es hier. Ja still. Die vielen Vogelstimmen gehen mir ab, die ich oben im Licht so selbstverständlich wie ein Geschenk entgegennahm. Nichts ist selbstverständlich, alles ist Gnade.

Auf dem schmalen Steig aus drei Rundhölzern über den Bach. Greif vollführt einen Eiertanz auf dem Eis und nimmt einen freundschaftlichen Klaps schweifwedelnd entgegen. Gleich darauf wirft er sich in den Riemen und zieht mich zielbewußt 50 Gänge bachwärts. Meine böse Ahnung trügt mich nicht: ein Kitz, ohne Haupt, gerissen und verludert, traurige Überreste einer Tragödie des Waldes. Nach dem großen Gesetz, im Tode Retter manch anderen Getieres in hoher Notzeit. Traurig gehe ich weiter, den Schatthang hinauf. Schon einige Stücke hat der Winter gefordert, und noch ist die schlimme Zeit nicht ganz überwunden. Da schenkt mir St. Hubertus einen Anblick, der mich rasch wieder froh werden läßt. Mitten auf dem Weg, halb herausgeapert, eine Abwurfstange. Nein, lieber Jagdfreund, kein Vierzehnender, das bescheidene Krickel eines braven IIa-Bockes. Jung und schon ein Sechser, Masse oben. Und wie mag die Auslage sein? Ich versuche mir die zweite Stange vorzustellen. So ein Heimlicher, trotz seiner Jugend. Dreiundzwanzig verschiedene Böcke hatte ich im vergangenen Jagdjahr gesehen, und er war nicht darunter. Das ist eine richtige Freude! Wind, Sonne und Wolken über mir und eine unbändige Lust zum Leben in mir – Jägerglück.

Noch ein paar Lecken beschickt, schon ist es Mittag vorbei, und der Hunger wird spürbar. Wollen wir die alte Hütte aufsuchen, Greif, alter Knabe, und Genossen machen? Freilich, noch nicht mit einem warmen Stückl vom Geräusch, das kommt schon noch. Heute tut's die Wurstsemmel auch. An der noch gut erhaltenen Wolfsgrube vorbei, strebe ich dem Wintergraben zu. Da – im Schnee –, noch gar nicht alt, da ist sie wieder – die große, gewaltige Fährte des Alten, Heimlichen. Greif, gelt, das ist Wittrung und läßt dein treues Hundeherz höher schlagen. Gut zehn Tänze habe ich am Jägerball ausgelassen, um mit den Nachbarn über diesen Hirsch zu reden. Jeder hat ihn gefährtet, keiner gesehen. Was der wohl aufhat?

Und dann in der alten Hütte probiere ich, ob der Schnaps nicht etwa inzwischen schlecht geworden ist, und lasse den Hirsch, den lieben Gott und seine schöne Welt hochleben.

Jetzt heißt es aber weiter. Zu lange schon habe ich mich zeitlos wie das Wild treiben lassen. Ob ich dabei an das Tal, die profane Welt gedacht habe? Schwerlich, mein Freund.

Und so bin ich doch nicht leise genug gewesen. Um die verlorene Zeit, die dumme, aufzuholen, bin ich zu rasch gegangen. Oben auf dem Höhenweg, zwischen Schwammerlwald und Dreiländereck, habe ich sie abgetreten – zwei Hahnen, kurz hintereinander. Und nicht einmal gescheit gesehen, einen Fluscher nur – plupp, plupp, schwer waren sie abgeritten. Und dort Winterlosung in Massen. Macht nichts, Hauptsache, sie sind da. Hurra!

Oben am Dreiländereck mache ich es mir bequem. Die Filmkamera parat, denn hier sind die Waldgams, die scheuen, gern. Aber es zeigt sich nichts.

Habe ich ein wenig gedöst? Es fröstelt mich. Rascher als gedacht neigt sich der Tag, und ich lausche in den Abend hinein. Aber kein vertrauter Ton kündet, daß auf dem alten Balzplatz ein Hahn einfällt. Wie lange ich so sitze? Was ist Zeit, was ist Raum? Glücklich diese Stunden, in sich selbst beschlossen und zufrieden. Die großen Wünsche und Sehnsüchte werden klein.

Beim Abstieg hebt sich ein lauer Wind. Er kommt leise über den Hang und fährt brausend zu Tal. Hui, die andere Seite hinauf und schüttelt die Bäume. Der Wald atmet auf, ein tiefer Seufzer nach langer Winternacht – der Föhn kommt. Auch meine Pulse schlagen schneller, die Schläfen pochen beim raschen Gehen. Die Äste der Bäume schlagen wie große Flügel, der Wald dehnt sich, wächst. Und es riecht die Erde, die gute Mutter Erde.

In der Hütte empfängt mich mein Bekannter, der nicht mit mir hinauszog am Vormittag, sondern hockenblieb, recht ungehalten:

„Das sieht dir ähnlich", wettert er, „mitten in der Schonzeit mit dem Gewehr herumrennen bis in die Nacht. Und wetten möcht' ich, gesehen hast du auch nichts!"

Was soll ich ihm sagen? Was erzählen vom Trittsiegel des Kapitalen, von der blühenden Erika, vom Großen Hahn und vom gerissenen Kitz? Wie soll ich ihm, dem Nichtjäger, diesen ganzen herrlichen Tag beschreiben? Er würde mich doch nicht verstehen. Und so sage ich nur, vielleicht auch ein wenig verlegen:

„Nein, gesehen habe ich nichts."

Das Osterfeuer

Erst erinnerte ein großer, schwarzer, verkohlter Kreis in der Wiese an das denkwürdige Osterfeuer, später dann das an dieser Stelle besonders kräftig sprießende Gras. Und übers Jahr oder gar die Jahre darauf wird niemand mehr daran denken, wie es gewesen war, welche besondere Bewandtnis es mit diesem Feuer hatte.

Das Abbrennen eines mächtigen Holzstoßes am Karsamstag abend ist ein alter Brauch in den Bergen. In meinem Revier war dies durch viele Jahre in der Nähe eines Bergbauern, der auch eine kleine Gastwirtschaft betrieb, geschehen. Sein Sohn aber, aufgeweckt und clever, hatte einen richtigen „Alpengasthof" errichtet und einen Schilift gebaut. Im Sommer tummelten sich Motocrossmaschinen auf der steilen Piste, sehr zum Leidwesen der neuen Jagdpächter. Denn dieser Teil des Berges gehörte damals schon nicht mehr zu meinem Revier. Ich war herzlich froh darüber, denn zu all dem hatte der junge, geschäftstüchtige Bauer auch noch die große Wiese um sein Anwesen stückweise verpachtet, so daß Wochenendhäuser wie die Pilze aus der Erde schossen. Wo ehedem noch Hochwild des morgens und abends zur Äsung ausgetreten war, erhoben sich nun in allen Größen und Bauarten, beileibe nicht immer zum Berg passend, Hütten und Häuschen. Die Ruhe war dahin. Das war ein Kommen und Gehen, ein Lärmen Tag und Nacht. Kein Wunder, daß sich die eigentlichen bodenständigen Bergbewohner von dieser Region zurückzogen, um ihr überliefertes Osterfeuer anderwärts abzubrennen. Ein abgelegener Revierteil bot sich dazu an. Auf einer offenen Anhöhe, von welcher man einen prachtvollen Blick auf die nahen Berge hatte, konstituierte sich die „Lärchenbankerl-

gilde". So benannt nach einem roh gezimmerten Tisch samt Bänken am Fuß einer mächtigen Lärche, die den ganzen Platz überragte. Ein Ort zum Rasten für den Wanderer, wenn er den Höhenweg vom Tale aufstieg zu den Bergkuppen des Speik.

Hier war alles noch echt und unverfälscht. Zwei Höfe von Bergbauern lagen in der Nähe und die Hube eines Keuschlers, der die steilen Wiesen von der Gesellschaft, die den Grund besaß, gepachtet hatte und bewirtschaftete. Hier war der rechte Ort zum Feiern, und wir hatten so manches Jahr mächtige Osterfeuer entzündet, wozu sich die Bergler von weither versammelten. Es war alles wie früher. Die drei Kreuze, benagelt mit Kienspan, waren errichtet und abgebrannt worden. Es fehlte nie das lustige Poem unseres Heimatdichters, und zusammen mit einem der Söhne des Keuschlers führte dieser so manchen heiteren Sketch auf, wobei der eine die Rolle meines alten Revierjägers Kajetan, der andere meinen Part übernahm. Das gab ein Gelächter, wenn alle Begebenheiten des Jahres durchgehechelt wurden. Daß ich dabei fast immer schlecht wegkam, versteht sich, und die Bergler feixten sich eins.

Besonders stimmungsvoll war eine Neuerung. Aus dem hintersten Graben, in welchem eine weitbekannte Blasmusikkapelle beheimatet ist, stiegen in dieser Karsamstagnacht drei Musikanten zu uns auf. Alle paar Minuten hielten sie an, um ein Stück zu spielen. Von weit her klangen die hellen Töne des Flügelhornes, begleitet vom „Euphonium", dem Baßflügelhorn. Immer näher kamen die Musiker, immer voller ertönten die Weisen, bis die Spielleute ganz heran waren und in ihren schönen Trachten in den Schein des Feuers traten. Ein kräftiger Schluck für durstige Kehlen belohnte den Aufstieg und das Aufspielen.

So war es durch Jahre gewesen. Ein Fest voller Andacht und Freude. – Dann aber kam ein trauriges Jahr. Die Keuschlersfrau war gestorben. Sie hatte ihrer Krankheit zu wenig Bedeutung beigemessen und, wie viele andere am Berg, weitergearbeitet. Da war es auf einmal zu spät gewesen, als sie sich endlich doch entschloß, das Spital aufzusuchen. So war sie ein Opfer ihres Pflichtbewußtseins geworden. Das Begräbnis im Tale sah Menschenmassen, welche die Kirche gar nicht fassen konnte. Nun kam eine bittere Zeit. Der alte Keuschler konnte ohne die Betreuung durch sein Weib die Hube nicht halten. Die neun Kinder waren längst in alle Welt ausgeflogen, die Buben hatten sich jeder einen Beruf erwählt, die Mädel hatten geheiratet. Wohl wohnte der Jüngste noch am Hof, wohl hatten die näher beheimateten Kinder immer wieder ausgeholfen, aber das Gütl war ohne die Mutter nicht mehr zu bewirtschaften. Der Vater zog zu einem der Kinder ins Tal, das Vieh wurde verkauft und die Hube an einen Städter verpachtet, der ein Wochenendhaus daraus machen wollte. Alles Gerät war, soweit anbringlich, verkauft worden. Wieder verließ eine Familie mehr den Berg und zog ins Tal, zu elektrischem Licht, zu Waschmaschine und Fernseher. Verständlich, aber nicht minder traurig. Während der letzten fünfundzwanzig Jahre haben allein aus meinem kleinen Revier fünf Familien das Handtuch geworfen und sind abgewandert. Zum Osterfeuer aber zog es sie alle wieder auf den Heimatberg zurück. So versprachen auch die Kinder der verstorbenen Keuschlerin im Jahre nach deren Tode das Osterfest am Larchenbankerl mit uns zu begehen. Und sie kamen alle. Es war wie immer, nur ein bisserl trauriger. Die Kreuze brannten, das Osterfeuer loderte hoch auf und leuchtete mit Mond und Sternen um die Wette. Die Musikanten spielten, und die Flaschen mit Bier, Wein oder dem selbstgebrannten Obstler machten die Runde.

Dann aber geschah etwas Erschütterndes. Wir hatten den zweiten Holzstoß, der etwas abseits errichtet war, in der dunklen Nacht nicht bemerkt oder nicht beachtet. Dieser loderte nun auf. Und um ihn herum standen die neun Kinder der Keuschlerin und weinten. Denn was da aufflammte, das war der Hausrat der Hube, den niemand mehr brauchen konnte und wollte. Inmitten und zuoberst aber brannte, deutlich zu erkennen, das Bett der Mutter, in dem sie alle, die vielen Kinder, geboren worden waren und in dem die tapfere Mutter ihr Leben ausgehaucht hatte.

Und erst jetzt, als sich das Feuer an die Bettstatt heranfraß, sich das Holz in der Hitze aufbäumte und dann zusammenfiel, jetzt erst war alles zu Ende, alles, alles aus.

Des edlen Ritters
unrühmliches Ende

„Magst an Hahn?" „No, na!" Dieser kurze, unwaidmännische, aber unter alten Freunden völlig ausreichende Wortwechsel war der Auftakt zu einem seltsamen Jagderlebnis, der Erlegung meines ersten und einzigen Großen Hahnes.

Es gibt einen alten Jägerspruch: „Schießt du den Hahn vor Georgen, mußt du's Treten der Hennen selber besorgen!"

Da wir Menschen hiefür völlig ungeeignet erscheinen, sah uns zwei Freunde erst Anfang Mai ein schöner Abend im Anstieg zu einer Hütte in den obersteirischen Bergen. Oben empfing uns der Jäger Hias mit guten Nachrichten. Er habe auf der Schneid Hahnen verlost, soeben einen davon beim Abendeinfall am gewohnten Schlafbaum bestätigt und morgen früh würde es schon „schnalzen" – hundertprozentig. Lange saßen wir noch in der traulichen Hütte beim ruhigen Schein der Petroleumlampe, die immer mehr den zischenden Gasbrennern weichen muß, beisammen. Das Feuer im Herd prasselte, der Wasserkessel summte und lieferte nachher etwas mehr als 50 Volumsprozente eines zünftigen Jagertees. Erinnerungen wurden ausgetauscht, und die zwei erfahrenen Hahnenkämpen tischten sagenhaftes Jägerlatein über ihre Auerwildjagden auf. Was Wunder, daß wir die Zeit übersahen und erst spät zu einem kurzen Schläfchen in die Betten fielen. Bald schon rüttelte uns Hias wieder wach, und der Aufstieg in der kühlen Nachtluft begann. Hias trug eine uralte Hahnlaterne voran, wir stapften vorsichtig hinterher. Noch bei völliger Finsternis hatten wir, nahezu lautlos, ein geschütztes Platzerl hinter einer mächtigen Fichte erreicht, von wo aus wir den Hahn anspringen wollten. Jetzt hieß es warten. Unendlich langsam wich die Nacht. Da – ein erster Laut in der Stille der Dämmerung, ein Knappen des Hahnes. Er begann zu balzen, aber – o weh! – drüben über der Grenze, die nun mal, wie alle oben am Berg, über die Schneid verlief. Der Hahn hatte sich am Abend noch einmal überstellt und begann sich, uns zum Hohne, beim Nachbarn einzuspielen. Gesetzel auf Gesetzel folgte. Hias sah bekümmert drein. Dann flüsterte er: „I geh an andern Hahn suachen" und verschwand lautlos, wie vom Erdboden verschluckt. Kaum aber war er weg, rumpelte es drüben, der Hahn ritt ab, aber – o Wunder – zu uns her und fiel auf einem Schneefleck auf unserer Seite der Grenze ein. Dort begann er eine lebhafte Bodenbalz, sprang hoch und marschierte mit gefächertem Stoß und gerecktem Stingel auf und ab. Das Ganze keine 15 Schritt weit – nur die mächtige Fichte deckte uns. Mittlerweile war es schon grau geworden. Als der Hahn durch den Baum gedeckt unseren Augen entschwand, hob ich leise die Büchsflinte auf die andere Seite des Stammes und wartete, bis er wieder in Anblick kam.

Im Mündungsfeuer war der Hahn verschwunden. „Waidmannsheil", meinte mein Freund, „der liegt. Schade, daß er uns das Anspringen erspart hat." „Ich war nervös genug", gestand ich und beruhigte die fliegenden Pulse mit dem obligaten „Doppelten".

Durch den Schuß war auch Hias plötzlich wieder da, und wir machten uns die paar Schritte auf, um den Hahn zusammenzuklauben. Wer aber beschreibt unser Erstaunen und mein Entsetzen – der Hahn war nicht da. Nicht da und nicht dort – einfach weg. Unmöglich, daß ich ihn gefehlt hatte – abgeritten war er sicher nicht. Der klare Morgen zog herauf, ein strahlender Tag begann. Für mich war es noch rabenschwarze Nacht. Hias setzte seinen Jagdterrier am Schneefleck an, und der begann nun eifrig nachzusuchen. Hierhin und dahin, wieder zurück und von neuem. Dann hatte er etwas in der Nase und zog an. Vor einem verwitterten Baumstrunk verhielt er, den Fang vorgereckt, einen Vorderlauf angewinkelt. Dann aber stieß er in den Stock hinein und – den Hahn hinten heraus. Jetzt begann eine sehr unwaidmännische, aber unvergeßliche Jagd. Der Hahn, nur geflügelt und noch gut zu Fuß, lief in unglaublicher Schnelligkeit davon, machte Haken wie ein Hase, so daß der Hund ihn oft überlief und vorbeistieß. Endlich hatte er ihn zu fassen – aber es blieb ihm nur eine Stoßfeder im Fang – der Hahn war dahin. Der Hund wieder hinterher, nachdem er sich von seiner Überraschung erholt hatte. Und so ging es Ho-rüd-ho durchs Holz, bis der edle Ritter kahlgerupft war, der Hund ihn niederzog und wir ihn – atemlos hinterher gerannt – federn, oder besser, mit dem Taschenfeitel knicken konnten. Wir wußten nicht, ob wir lachen oder weinen sollten. Die Situationskomik war einerseits umwerfend, das Ganze aber zum Heulen. Dann gingen wir auf die Suche und haben alle, alle 18 Stoßfedern gefunden, die heute, als sei nichts geschehen, den präparierten Hahn schmücken.

Aber wenn ich vor dem Hahn stehe, so erinnere ich mich nicht nur an dieses seltsame Jagderlebnis. Ich denke vor allem an meinen Freund, der auf die Erlegung dieses schon so seltenen, urigen Wildes, das nur noch fallweise und in beschränkter Stückzahl zum Abschuß freigegeben wird, verzichtet hat, um mir, seinem Freund und Jagdgenossen, eine große, große Freude zu bereiten.

Hiatzt han i di!

Er ist so alt wie der Berg. Nicht der Mann, sondern sein Name. Liechtensteiner heißt mein ältester Aufsichtsjäger und Liechtensteinerberg mein Revier. Nach den weißen „liachten" Steinen, die allenthalben zutage treten. Adern des eisenfreien Magnesits, der hier bis in unsere Tage abgebaut wurde. Jetzt erinnern nur mehr weiße Kiesel im Schotter der Wegebefestigung an jene Zeit, als der Bergbau noch florierte und noch nicht „unwirtschaftlich" war. Und Kajetan, so lautet der schöne, heute schon seltene Vorname meines Jägers, war ein Bergmann in jenem Stollenbetrieb, der das kostbare Mineral zutage förderte. Freilich auch Holzknecht und vor allem Jäger von jung auf, war doch sein Vater ein bekannter Waidmann. Und in dieser Dreisamkeit, Wald, Wild und Berg, ist dieser knorrige Mann beschlossen, unerschütterlich wie der Fels. Weit herumgekommen ist er nicht, sieht man von seinem tapferen Einsatz im ersten großen Krieg am Isonzo ab; die nähere Heimat genügte ihm. Hat er nicht auch recht, wenn er sagt, daß es nichts Schöneres gibt auf der Welt als die Steiermark? So war er schon bei meinem Schwiegervater, von welchem ich das Revier übernommen habe, Aufsichtsjäger und davor bei dessen Vorgänger, immer auf seinem, dem Liechtensteinerberg. So zünftig wie sein Name, so ist auch sein Aussehen. Mit einem martialisch gezwirbelten Schnurrbart im wetterharten Gesicht, das zerfurcht ist von den Unbilden eines Lebens unter Tage und in den rauhen obersteirischen Bergen. Die lange, gebogene Pfeife im Mundwinkel vervollständigt das Bild. Die blonde Lockenpracht hat nun einem schütteren Weiß Platz gemacht, was der Gesamterscheinung keinen Abbruch tut, zumal Kajetan stets in Tracht gekleidet ist. Freilich die Augen und der eine „Haxn" wollen nimmer so recht. Die Arbeit im triefnassen Bergwerk fordert späten Tribut. Dennoch stapft der Brave unverdrossen durchs Revier und hält Aufsicht. –

Es gibt schier nichts, was mein Jäger nicht kann. Seine Hände, von der groben Arbeit gezeichnet, sind dennoch flink und vermögen auch Feines zu bewältigen. Daß er alle Arten von Holzarbeit beherrscht, versteht sich. Aber Brunntrog- und Dachrinnenhaken sind schwierige Dinge, und Hochsitzbauen will gekonnt sein. Rindenhütten und Schindeldecken errichten kann Kajetan ebenso wie Zäune und Fußabstreifer herstellen. Daß er aber auch Korbflechter ist, Schuhe doppelt und Uhren repariert, mag schon mehr erstaunen. Und vollends verblüfft seine – sonst fast schon ausgestorbene – Fertigkeit, Gewehrkugeln zu gießen und Patronen herzustellen, die er in selbstgeschäfteten Gewehren zielsicher verschießt. Die Land- und Forstwirtschaft ist für Liechtensteiner kein Buch mit sieben Siegeln. Die Kenntnis dieser Dinge, vom Sensendengeln und Sägenschärfen bis zum Geburtshelfer im Stall, sind für unseren junggebliebenen Mittachtziger eine Selbstverständlichkeit.

Klöpfers berühmtes Gedicht: „Hat keinen Beruf und auch sonst nichts gelernt" hat nur in der Aufzählung all der Fähigkeiten eines unabhängigen Berglers Ähnlichkeit mit Kajetan, hat er doch sehr wohl etwas gelernt und schreibt noch heute – etwas zittrig zwar – aber grammatikalisch richtig und ohne Rechtschreibfehler seine Berichte in deutscher Schrift. Latein schreiben hat er sein Lebtag lang abgelehnt, wie sich überhaupt der charakterstarke harte Schädel nicht so leicht etwas einreden läßt. Darin mag ihn auch seine längst dahingegangene Schwiegermutter bestärkt haben, die gerne Hakenkreuzfahnen als Vogelscheuchen in den Krautacker stellte und dieserhalb ein nicht gerade leichtes Leben hatte.

So, ein wenig eigensinnig, weigerte er sich beharrlich, die neuen und noch neueren Abschußrichtlinien zu lernen oder gar zu befolgen. Und recht hat er gehabt, denn sie sind schon wieder überholt und er hätte sich seinen Kopf unnötig damit vollgestopft. Aber gefuchst hat ihn der rote Punkt für einen (damaligen II a) Hirschen vom 3. Kopf doch sehr. Heute wäre das ein

IIIer und unbeschränkt frei. Unser Revier liegt leider in der „verdünnten Zone", was in der Praxis soviel wie hochwildleer heißt. Und er wie ich beklagen das, denn es heißt so schön: „Der Wald ist voller Wunder, des Waldes größtes Wunder aber ist der Hirsch." Und Kajetan poltert: „Die Sakra, die g'scheitn Herrn solltn liaba was gegns Schälen erfinden, dann könnt ma wieder Hirschn habn wia früher."

Damals, als ich meinem Jäger das Geweih mit dem roten Punkt am Anhänger nach der Trophäenschau auf den Berg zurückgebracht hatte, saß ich abends auf einem Bodensitz in der Nähe eines Weges, der von der Jagdhütte zum Anwesen von Kajetan führt. Es war ein windstiller, schöner Abend im Mai. Plötzlich vernahm ich Stimmengemurmel, das immer näher kam. Es war aber keine Gesellschaft, sondern mein zorniger Waidmann, der Selbstgespräche führte, und ich vernahm: „So, jetzt hast deinen roten Punkt. Tepperte Bewerter drunten im Tal. Für mi gibt's nur an starken Hirsch und an schwachen Hirsch. Des hast jetzt davon, daß d' den schwachen g'schossen hast. Blöd war i, daß i net den starken g'nommen hab, der glei daneben gstanden is."

Und so brummelte er dahin. Daß der „Starke" auch nicht frei gewesen wäre, störte ihn wenig. Ja, so ist unser Bergler, eine Persönlichkeit, die nicht gerne eine andere Autorität anerkennt. Erst vor wenigen Tagen polterte Kajetan, alle Vorzimmerdamen und andere Barrieren über den Haufen rennend, in die Amtsstube des Bürgermeisters und kam ohne Umschweife auf sein Anliegen zu sprechen: „Burgermaster, stimmt des, daß i a zweite Lohnsteuerkart'n brauch?" „Ja, Liechtensteiner, in deinem Fall ist das richtig. Du hast zwei Bezüge, also brauchst auch zwei Karten." „Wenn du das sagst, Burgermaster, dann glaub i's, denn von an jedem lass i ma nix einredn!"

Auch wir fochten so manchen Strauß miteinander aus, bis wir uns zusammengerauft hatten und er nach dem Tode meines Schwiegervaters mich als neuen Jagdherrn anerkannte. Nur daß ich, den neuen Richtlinien gemäß, im Sommer einen Dachs geschossen hatte, bevor uns die Tollwut erreichte, konnte mir Kajetan lange nicht verzeihen:

„Wull, wull (wohl, wohl), a Dachs is was Fein's. Aber Richtlinien hin und her, des war a Unsinn! An Dachs schiaßt ma net im Sommer. Da is die Schwartn für nix und das Ganze nur zum Wegschmeißen." Als naturverbundener Mensch war es ihm ein Greuel, ein Wild nicht zu „verwerten", sondern „nur so" zu töten. Meinen Einwand, man müsse ein heimliches Wild, wenn es frei ist, dann schießen, wenn man eben mit ihm zusammentrifft, ließ er nicht gelten: „Dann hätten S' eben keinen Dachs." Und punktum. Recht hat er ja, aber… Dieser und andere Dispute sprachen sich am Berg herum und lieferten Stoff für so manchen Sketch vor dem alljährlichen Osterfeuer, wobei ein junger Holzarbeiter, sehr zum Vergnügen der Zuschauer, unseren guten Kajetan gar trefflich nachzuahmen verstand.

Heute vertragen wir uns ausgezeichnet, nicht zuletzt, weil er inzwischen auf „seinen Direktor und Professor" stolz ist. Einen – fast möchte ich sagen lebensrettenden – Gefallen konnte ich ihm erweisen. Vor Jahren war ein – inzwischen arrivierter – Jagdreferent an der Bezirkshauptmannschaft der Meinung, der Liechtensteiner sei nun zu alt, ein Gewehr zu führen, als Aufsichtsjäger zu fungieren, und mit der Jagdkarte sei es vorbei. Das wäre tödlich für den guten Kajetan gewesen, ausgeschlossen zu werden aus der Gilde der Aufsichtsjäger, eines wichtigen, von ihm ernst genommenen Amtes verlustig zu gehen. Ich konnte das damals abwenden, und er bekommt bis heute seine Jagdkarte. Kajetan hat gottlob nie von dieser Bedrohung erfahren. –

Unser Jäger bedient sich auch einer blumenreichen Sprache und steht damit einem arabischen Märchenerzähler aus Marrakesch in nichts nach. Alle Geschichten beginnt Kajetan zwar bei Adam und Eva, so daß es eine Weile dauert, bis er zur Sache kommt. Aber er versteht so plastisch und packend zu berichten, daß wir immer wieder gerne zuhören, wenn er neuen Gästen erzählt, auch wenn wir die Geschichten schon auswendig können.

Eine Meistererzählung bevorzugt unser Waidmann besonders, und wir warten gespannt auf den überraschenden Höhepunkt. Es geht dabei um ein Erlebnis mit einem Wilderer und Jagdhütteneinbrecher, dem Kajetan erst nachgespürt hatte, um ihn schließlich auf frischer Tat in einer alten Jagdhütte dingfest zu machen. Gegen Ende der Geschichte pflegt Kajetan seine Erzählung wie folgt zu gestalten: Er senkt die Stimme, reißt die Augen auf, beugt sich vor und flüstert: „Wiar i näher schleich, merk i, da rührt si was in der Hüttn. Des muaß er sein, denk i, und duck mi untern offenen Kuchelfenster. Und woart. Und woart. Und richti, auf einmal tritt der Erzfalott zuwi zum Fenster, i spring auf, pack erm und schrei: Hiatzt han i di, du Lump!" Den letzten Satz schreit Kajetan tatsächlich, aus dem Flüsterton in volle Lautstärke übergehend, und packt das neben ihm sitzende Mädchen oder die junge Frau, neben der er wohlweislich vorher Platz genommen hat, am Schenkel oder einer anderen lieblichen Gegend. Die Ärmste erschrickt natürlich zu Tode, und die ganze Gesellschaft hat lange etwas zu lachen.

Ja so ist er, der alte Liechtensteiner, ein Original, witzig und gewitzt, ein ganzer Kerl. Selbst in seinem hohen Alter geht er nicht herunter von seinem, dem Liechtensteinerberg, und bewirtschaftet als Keuschler eine Hube auf steiler, ach so steiler Leitn. Wenn dieser Baum einmal fällt, dann geht ein Stück Geschichte von uns, und der Wald wird leer sein. Und wir werden ärmer sein um einen Freund.

„…und gegen Liebeskummer…"

Sie war eine wunderbare Frau. Große blaue Augen strahlten lebhaft aus einem zarten, herzförmigen Gesicht. Ich berührte gerne mit den Fingerspitzen die samtweiche Haut, die sich über ihre klaren Züge zog. Der edel geschwungene Mund öffnete sich wie eine taufeuchte Rosenknospe, ließ eine Perlenreihe makelloser Zähne blitzen, und auf der Oberlippe lag ein feiner Pfirsichflaum. Das lange, rotgoldene Haar trug sie meist einfach im Nacken gefaßt und mit einer großen, mädchenhaften Schleife geschmückt. Ein seltsamer Kontrast. Eine grazile Gestalt, die sie mit geschmeidigen Bewegungen zu beherrschen wußte, vervollständigte den Eindruck. Sie saß und ging stets sehr aufrecht, und ihre gern getragenen Blusen spannten sich gar lieblich.

Ihr ausgeglichenes Wesen faszinierte mich. Stets freundlich und heiter, keine Launen, kein lautes Wort. Sie wußte ihre Gedanken klug zu formulieren und mit einer leisen, aber klaren Stimme in akzentfreier Sprache vorzutragen. Intelligent und gebildet, war sie eine ideale Partnerin für Gespräche über Gott und die Welt. Und – eine göttliche Geliebte. Mit allen Gaben des Körpers und des Geistes ausgestattet, war sie eine vollkommene Frau.

Was Wunder, daß ich ihr mit Haut und Haar verfallen war. Eine traumhafte Zeit war uns beschieden. Nur die Jagd kam dabei ein wenig zu kurz. Wohl liebte sie die Berge, hatte aber für meine Jagdleidenschaft nicht allzuviel übrig. Noch nie hatte ich so wenig Böcke bestätigt, wie in diesem bittersüßen Jahr. Denn aus diesem süßen Jahr – ich weiß nicht wie – wurde ein bitteres Jahr.

Was dann kam? Das Ende, der Abschied – aus!

Nicht meinem Todfeind, wenn ich einen hätte, würde ich die schlaflosen Nächte, die taumelnden Tage, das zerspringende Herz gönnen. Nur mein Wald gab mir ein wenig Frieden. Aber seltsam – ich hatte ihn zu lange vernachlässigt. Langsam, Stück für Stück mußte ich ihn zurückerobern – erschloß er sich mir wieder.

Rehbrunft – Anfang August –, ein heißer Tag neigt sich dem Ende zu. Wo ist der Alte, der Heimliche, den man nur einmal im Jahr sieht und dann zur unrechten Zeit oder nicht schnell genug ist? Ich blatte – nichts. Will schon gehen – denke mir, versuch's noch einmal mit dem Sprengfiep. Ein bißchen hecheln dazu und zwei Asteln geknickt. Das hält er nicht aus, da braust er heran. Quer über den oberen Schlag und durch das Gehölz am Weg und weiter über meinen Schlag. Fiep ihn an. Steht – spreche ihn an – ja, er ist es – weiter die Jagd. Fiep ihn wieder an. Und wieder reißt es ihn zusammen. Vom Anstreichen am Bergstock keine Rede mehr. Frei suche ich das Blatt und lasse fliegen. Ein Donner rollt über den Schlag, über den Hang und bricht sich am Berg – Stille.

Dort unten liegt mein Erntebock.

Und in den langen Minuten der Totenwache strömt leise, langsam ein großes Glücksgefühl in mein zerrissenes Herz. Es ist, als ob der Donnerhall des Schusses das Liebesweh mit hinausgeweht hätte. Seit Monaten hat der Wein nicht mehr so gemundet wie an diesem Abend.

Seit Monaten habe ich nicht mehr so tief und traumlos geschlafen wie in jener Nacht.

Nun stehe ich vor der Trophäenwand und betrachte sinnend das starke Krickel – die Höhe, die Perlung, die langen Enden, die gute Auslage, die edle Korbform. Und der alte Jägerspruch kommt mir in den Sinn:

Das Jagen würzt den Schlummer,
das Jagen würzt den Wein,
und gegen Liebeskummer
kann auch nichts besser sein!

Verflixt, wie alt bist du denn?

Plötzlich steht ein roter Bock mitten am Schlag. Vielleicht ist er gerade hochgeworden, vielleicht habe ich ein wenig „getunkt" vom langen Ansitzen oder einfach nicht aufgepaßt, als er aus dem Hochholz auf den Schlag sprang.

Gleichwohl, da ist er. Also, laß dich einmal anschauen, pardon, ansprechen. Der Abend sinkt schon hernieder, aber noch ist genügend Licht. Ein Sechser, etwa handhoch über Lauscher, v-förmig, recht gut vereckt, weiße Enden, nicht gerade ein Dünnstangler, etwas geperlt. Paßt! Bum!

Bum? Na ja, in der Jugend vielleicht, mit noch hitzigem Jägerblut, jagendem Puls und schlotternden Knien. Aber jetzt „im Alter", jetzt habe ich Zeit, genüßlich die Jagd auszukosten, die Landschaft, die Berge, den Schlag und mittendrin den Bock, in mich allumfassend aufzunehmen.

Plötzlich fällt mir siedendheiß ein: Bin ich noch in der Steiermark? Als der Jagdherr mich verabschiedete, was sagte er doch gleich? „Geh über den hohen Schlag, den Du kennst, hinaus. Dahinter ist ein neuer kleiner Schlag. Du kannst den Hochsitz nicht verfehlen. Also schieß was Passendes. Waidmannsheil!"

Ich weiß doch, daß sein Revier am Dreiländereck auch mit einem Lappen in ein anderes Bundesland hineinragt. Aber in welches? Salzburg? Oberösterreich? Ist der neue Schlag, wo ich mich befinde, ganz hinten im Revier, noch in der Steiermark? Wenn ja, dann paßt der Bock auf alle Fälle. Wir schreiben den 14. Juni, und da sind Böcke aller Klassen frei. Aber was ist, wenn ich schon in Salzburg bin? Ach, daß ich den Jagdkalender aus dem „Anblick" nicht bei mir habe! Was habe ich da gelesen? Ich glaube, da sind die Böcke I und II erst ab 16. Juni frei. Nein, in

Salzburg kann ich nicht sein, denn mein Freund hätte mich nicht auf einen Jahrling angesetzt. Oder doch? „Schieß was Passendes?!" Nein, nein, aber was ist, wenn ich schon in Oberösterreich bin? Verflixter Jagdkalender! Ich durchsuche meinen Rucksack, ob ich nicht doch den „Anblick" mitgenommen habe, den ich gerne auch auf dem Hochsitz lese, wenn die Zeit lang wird. Nein! Also konzentriere dich, sag ich mir, was stand da drinnen? Ja, jetzt weiß ich es wieder: Rehböcke der Klasse III und II sind frei. Also, beruhige ich mich, kann ich den Bock erlegen. Was aber, wenn er älter ist? Ich schaue nochmal durchs Glas. Der Bock äst friedlich, wirft ab und zu auf. Na ja, er ist sicher über vier Jahre, vielleicht fünf, oder nicht? Egal, es sind ja auch Böcke der Klasse I frei, allerdings, wie ich mich erinnere, mit einem limitierten Geweihgewicht. Wie hoch war das gleich? Langsam werde ich nervös. Waren es 300 Gramm? Ja doch, 300 Gramm! Mit großer Schale, kleiner Schale? Hat er nun 299 Gramm oder 301 Gramm? Also, Spaß beiseite. Ganz ruhig. Laß dich noch einmal gründlich anschauen, pardon, ansprechen. Ach was, jetzt schau ich dich genau an. Verflixt, daß ich mein Spektiv nicht mitgenommen habe. Also, der Bock ist rot, das zeugt von Jugend. Denn ich habe bei meinen Pirschgängen auch jetzt, Anfang Juni, noch graues Wild gesehen. Verfegt? Na klar, muß schon sein. Im Mai wäre das ein Zeichen von Alter gewesen. Muffelfleck? Ja, zu sehen, verlaufend, oder? Hat er nicht ein eisgraues Haupt? Und Brillen? Ich werde wieder ganz kribbelig. Wenn ich nur die Rosen sehen könnte! Na, sag schon, wie hoch deine Rosenstöcke sind. Und laß mich in den Kiefer schauen. Tät auch nichts nützen, ich kenne die Äsung hier heroben nicht und wie daher der Abschliff ist. Leih mir einen Zahn, damit ich ihn einschicken kann zur Altersbestimmung. Das Reh, das unbekannte Wesen!

Noch einmal hebe ich das Glas an die Augen. Der Bock äst noch immer geruhsam, sucht sich ein Blättlein hier, ein Blättlein da. Überfällt manchmal im eleganten Sprung ein Gräblein. Eleganter Sprung? Jetzt erst sehe ich mir den Habitus an. Stark im Wildpret! Der bringt gut und gerne seine 18, 19 Kilogramm, wenn nicht mehr, auf die Waage. Viel für die Gegend hier heroben.

Und auf einmal wird mir klar, daß ich diesen Bock nicht schießen werde. Jetzt erst habe ich den ganzen Bock gesehen. Ja, das Trophäendenken ist aus dem alten Waidmann nicht so rasch herauszubringen.

Ach was, Bundesländer! Steiermark, hin oder her. Ach was, Klasse I oder II.

Da ist ein Bock in der Vollkraft seiner Jahre, gut im Körperbau und in der Trophäe. Der soll in der Brunft seine prächtigen Anlagen weitergeben. Ich habe genug geschossen in meinem Leben. Und dem Jagdherrn werde ich mit gutem Gewissen sagen, daß ich nichts „Passendes" gesehen habe.

Ich muß lächeln. So ein Theater! Das Grübeln hat mich ganz schön aus der Fassung gebracht.

Eine große Ruhe erfüllt mich. Ich werde eins mit dem Frieden dieses gesegneten Stückchen Erde, werde eins mit der Natur.

Die Dämmerung schlüpft aus ihren Verstecken. Die Konturen verwischen sich. Noch ist der Bock auszumachen. Ein grauer Fleck, der sich vor einem grauen Hintergrund bewegt. Dann ist auch das vorbei. Der schützende Mantel der Nacht hat alles in seine gütige Obhut genommen.

Jetzt erst baume ich ab. Ein tiefes Glücksgefühl überkommt mich, stärker als nach einem guten Schuß.

Nach der Rehbrunft

Ein langer, schöner Tag hat sich vollendet. Nun, da die Nacht
langsam herniedersinkt und die Konturen sich so seltsam ver-
schieben und verwischen, ruhe ich. Auf der Veranda unserer
Hütte habe ich es mir gemütlich gemacht und hänge meinen Gedanken nach. Die Rehbrunft ist vorbei – das ist sicher. Vorge-
stern noch hatte unser Jäger begeistert gestikulierend wahre
Wunderdinge von treibenden und springenden Böcken erzählt
– dann kam ein schwerer Wetterumschlag mit Kaltlufteinbruch
und Gewittern. Gestern und heute hatten zwei Jagdgäste und
ich das Revier durchstreift, aber das Blatten bald aufgegeben. Zu
spät! Vorbei für heuer. Was tut's? In den zweieinhalb Tagen hatte
ich nur heute um 11 Uhr vormittags einen braven Bock, der
friedlich neben seiner Geiß äste, auf vierzig Schritt vor die Kamera bekommen. Das Anschrecken brachte ihn in Filmstarposi-
tion, nur das Surren der Kamera war ihm unsympathisch, und er
sprang gemächlich ab. Mein Fieplaut brachte ihn beileibe nicht
zurück, sondern verstärkte nur sein Tempo im Abspringen.
Zwei Spießer, die wir heuer nach dem strengen Winter schonen,
beendeten am Abend, auf einem Schlag den Anblick dieser
Tage. Die Jagdgäste hatten nichts gesehen. Nun sitzen sie beim
traulichen Schein der Petroleumlampe drinnen in der Hütte, und
ihr Stimmengemurmel dringt heraus zu mir. Sie führen sicher
das uralte Jägergespräch, dessen man nicht müde wird: „Was
wäre gewesen, wenn…" Ich aber strecke die müden Glieder
und bin's zufrieden. Die Ruhe nach der Brunft, der Friede nach
den wilden Tagen hat auch mein Herz ergriffen. Seltsam berührt
hat mich heute der friedliche Anblick des Bockes.

Die Gier ist verflogen. Die Bestimmung der Natur hat sich erfüllt. Neues Leben wächst. Und unsere Bestimmung im Lebenslauf des Wildes? Töten, um die Art stark und lebensfähig zu erhalten. Vom Schöpfer übertragene oder von uns so verstandene schwere, herrliche Aufgabe voller Zweifel, aber auch voller Glück.

Die Nacht hat vollends Besitz ergriffen von allem um mich her. Der Himmel ist dunkelblau, die Berge sind schwarz. Ab und zu erhellt ein fernes Wetterleuchten den Horizont und läßt die vertraute Trennlinie zwischen Himmel und Erde, die man nur mehr ahnen konnte, kurz aufleuchten. Nur das treuliche Licht aus der Hütte wirft bizarre Schattenspiele in das Gras. Da liegt das Fensterkreuz schwarz und schief hingemalt in der Wiese.

Das ferne Gewitter macht die Tiere im Stall des nicht allzu fernen Gehöftes unruhig – ich höre ein kurzes Muhen – eine Kette rasselt – Kuhglocken schlagen an.

Mein Blick wandert wieder zum erleuchteten Fenster. Viele Nachtfalter klettern und flattern unermüdlich hinauf und hinunter. Sie wollen hinein, hin zum trügerischen Licht – in den sicheren Tod. Die Glasscheibe rettet sie. Laufen wir nicht auch oft solch einem Irrlicht nach? Vermeinen wir nicht auch, oft verblendet, dem Licht zuzustreben, und unser harrt vielleicht das Verderben? Vielleicht hat ein gütiger Gott vor so viele Dinge, die wir nicht erreichen und nicht erreichen sollen, eine Glasscheibe gestellt, an der wir vergeblich herumkrabbeln.

Unser braver Greif macht einen langen, zufriedenen Schnaufer. Er hat sich heute ordentlich müde gelaufen an der Seite seines geliebten Herrn. Da atme auch ich tief und zufrieden – die Sorgen sind weit, im Tal. Und ich wandere mich gerne im Leben müde für meine Lieben, wenn ich sie nur zur Seite habe.

Ein Bock schreckt im Graben – ein kühler Windstoß vom fernen Gewitter trägt mir den vertrauten Laut herauf. Eine Taschenlampe zittert aus der Jagdhütte, geistert hierhin und dorthin und verschwindet in einem kleinen Häuschen. Dort kommt sie zur Ruhe, und nun leuchtet versöhnlich und mild ein großes helles Herz in die dunkle Nacht.

„Der Einzige"...

Ich gebe meinem Bock den letzten Bissen. Dann bitte ich den Pirschführer, das Auto zu holen, vom Graben herauf. Ich will ein wenig allein sein. Der Tag ist noch nicht alt.

Schade, daß es nun vorbei ist. Von mir aus hätten wir noch so manchen vergeblichen Ansitz, noch einige vergebliche Pirschgänge dem Roten widmen können. Wie habe ich es genossen, mit Jäger und Hund durch den Tann zu streichen, am Sitz mit leisen, knappen Worten Meinungen zu tauschen und nach der wieder einmal „erfolglosen" Pirsch gute Gespräche zu führen. Über Gott und die Welt. Das war nicht „erfolglos", das war Bereicherung.

Wie habe ich in den drei Wochen der langsam erwachenden Natur, der Geburt des Tages mein Herz geöffnet, dem ersten Anblick, noch in halber Nacht, entgegengefiebert und die kühle Luft in fröstelnder Morgenfrische begierig eingesogen. Wie habe ich erschauernd erlebt, wenn nach schweißtreibender Schwüle der Gewitterwind Regenspiralen vor sich her trieb. Wie habe ich dem erlöschenden Licht, dem Ausklang einer Symphonie aus mannigfachen Tagesgeräuschen meine Seele auf die Reise in die Nacht anvertraut.

Warum gerade diesmal? Das hatte ich doch sicher tausendmal erlebt. Warum also habe ich gerade diese Pirschen so nah und bewußt empfunden? Weil ich wußte, daß es heuer mein einziger Bock sein würde, den ich strecken durfte. Früher, ja früher, da gab es die eigene Jagd und Einladungen in Fülle. Zu Verwandten, Freunden und Geschäftsfreunden, daß man wohl meinen konnte, das geht immer so dahin.

Die eigene Jagd ist fort – eine dumme Krankheit und der

schmälere Geldbeutel des Pensionisten haben zur Aufgabe gezwungen, die Geschäftsfreunde haben sich verlaufen, und die „sicheren" Böcke auf zwei niederösterreichischen Schlössern sind weg – die Jagden verpachtet.

Nur ein Freund, Arzt, Jäger, Schütze, hat wohl das Herzeleid gespürt, das die Brust zersprengt, wenn man nicht mehr als freier Mann mit der Büchse in den Wald gehen kann. Er hat mich geladen auf meinen „Einzigen".

Ist es nicht mit allen Dingen so? Was man im Überfluß hat, das schätzt man nicht. Die Fülle ist eine Verführerin. Das Einzigartige wird zur Selbstverständlichkeit. Nicht, daß ich mir des Naturerlebnisses nicht bewußt gewesen wäre, den prickelnden Reiz des Jagens nicht empfunden hätte, aber ich meinte – zumindest im Unterbewußtsein –, morgen wird es ja ebenso sein und übermorgen und so in alle Ewigkeit fort.

Es ist gut, daß es heuer nur ein „Einziger" war. Er hat mich auf den Boden zurückgeholt, mir das Alt- und Vergessenwerden klar vor Augen geführt und mir ein starkes, durchdringendes Erlebnis beschert.

Mein neun Jahre älterer Bruder erinnert sich, daß mein Vater, ein großer Nimrod vor dem Herrn, Onkel und Lehrprinz des größten steirischen Grundbesitzers, immer Angst vor dem Zeitpunkt des „Nicht-mehr-jagen-Könnens", des Vergessenwerdens hatte. Ich war noch zu klein für solche Gespräche. Als mein Vater starb, war ich neun Jahre alt. Aber für ihn sollte der Zeitpunkt rascher kommen als gedacht. Als Aristokrat von den neuen Machthabern nach dem Ersten Weltkrieg seines Postens als Bezirkshauptmann mit zweiundfünfzig Jahren enthoben, war es ziemlich aus mit seiner Jägerei. Er hatte nie ein eigenes Revier gehabt, und so war es mein Bestreben, zu einem solchen zu kommen, um vor den bitteren Erfahrungen meines Vaters gefeit zu sein. Törichte Überlegungen – das Aus kam auch für mich.

Was hat eigentlich meine Liebe zur Jagd geweckt? War es der kapitale Trapphahn meines Vaters, der in unserer Villa in Kroisbach mit gebreiteten Schwingen an der Wand hing, waren es die Hirschtrophäen meines alten Herrn, die mich von der Spitze eines Bombenschuttkegels grüßten, als ich im November 1944 aus dem Norden eilig nach Graz berufen wurde, um vor dem „Grabe meiner Habe" zu stehen? Oder lag es mir einfach im Blut?

Aber über den „Einzigen" werde ich schreiben und meine Leser mit heißem Herzen bestürmen, jeden Pirschgang und jeden Bock so zu erleben, als ob er der „Einzige" sei…

Der Jäger Franz, Ursteirer mit windischem, vom Großvater gekauftem Namen, knattert mit seinem Käfer heran. Und holt mich zurück in die Wirklichkeit.

„Komm, mein Bock, komm mit mir nach Hause. Sollst einen Ehrenplatz haben, du mein Einziger – oder bist du gar mein Letzter?"

Der Unfehlbare

Er war eine anerkannte Kapazität. Er wußte viel, sehr viel, ich glaube sogar, alles. Über die Jagd im allgemeinen und im besonderen. Wir sahen zu ihm auf. Nie der geringste Zweifel, was zu tun und was zu lassen sei. Unbeirrbar ging er seinen Weg durch die Natur. Er wußte, was er konnte, er wußte, was er wollte. Vielleicht hatte er wenig Humor, aber das machte er wett durch seinen überaus sachlichen Vortrag, seine klaren und präzisen Belehrungen. Manche sagten, es fehle ein wenig an Herzenswärme. Er aber lehrte uns, hart und unerbittlich zu sein. Seine Kugel fehlte nie, im Ansprechen war er unerreicht. Die Hunde folgten auf Handzeichen. Es gab keine Auflehnung, nicht nur der Hunde. Warum auch, es war ja alles richtig, was er tat und sagte. Für jede Jagd das richtige Gewehr, die geeignetste Patrone, das besondere Glas. An Geld fehlte es nicht. Überhaupt, er war fehlerlos, er war unfehlbar, wir bewunderten ihn. Wir bewunderten ihn, obwohl er mit uns hart ins Gericht ging. Er fragte mich einmal, ob ich schon einen Fehler gemacht hätte. Einen? dachte ich und muß sehr bekümmert dreingesehen haben, denn er herrschte mich an: „Also heraus mit der Sprache, ich sehe, Sie haben schon einige Schnitzer gemacht. Welcher war ihr größter? Wir werden ihn analysieren und dann darüber diskutieren. So werden Sie ihn künftig vermeiden."

Da erstand das Bild meiner Gamswandeln vor mir. Ein Rudel Gams hatte ich grad abgetreten. Ein Steindl, und dahin ging's. Schnell angesprochen – Geiß, Kitz – Geiß, Kitz und hinterdrein ein enger Bock. Paßt schon. Jetzt in die Mulde. Gleich kommen sie wieder vor. Geiß, Kitz – Geiß, Kitz – jetzt muß er kommen. Paßt schon, Schuß – am Anschuß lag ein Kitz.

Unsere Kapazität hatte mir mit finsterem Blick zugehört und mehrmals den Kopf geschüttelt. Dann erhob er sich. „Unverzeihlich", sagte er und ging. –

Bockzeit! Unser Freund fuhr ins Revier. Im Wagen eine Mauser und eine Bockbüchsflinte. Die letztere nahm er mit, denn, so meinte er, Bock hin, Bock her, es könne ja auch Raubzeug kommen. Es kam aber der Bock, auf vierzig Schritt. Der brave Jägersmann hat gestochen, und da und da – ist es endlich passiert. Der Schrotschuß brach. Einen Augenblick der Gedankenlosigkeit, er meinte doch die Mauser zu führen, und statt des Stechers hatte er den Schrotlauf erwischt. Der Kugelnachschuß frei auf den angeschweißten Bock war schon wieder fehlerlos und sehenswert. Doch das Schönste – da lag ein Roter Punkt!

Mein Gott, hab' ich mich gefreut! Hab' halt einen schlechten Charakter. Und am gleichen Abend hatte ich einen herrlichen Schwips. Und in meinem Dusel spürte ich, daß unser Unfehlbarer bis dato in den Klauen des Teufels war. Aber ich wußte auch ganz sicher, daß er von Stund' an durch die Fürbitte des hl. Hubertus Anspruch hat auf das Himmelreich.

Heuer tuat's net!

Nein, heuer ist kein Jahr für Künstler.

Zu einem Jagdfreund in die Vorberge eingeladen. Gleich am ersten Abend kommt „mein" Bock, wie bestellt. Wir pirschen näher, und dann kann ich, am Mantel aufgelegt, liegend, auf etwa zweihundert Schritte schießen. Der Bock zieht ein wenig vor, und schon staubt hinter ihm eine Erdfontäne hoch. Brettlbreit g'fahlt!

Drei Tage später pirsche ich im Hochgebirge. Habe einen Bockabschuß bei einem Preisschießen gewonnen. Wir sitzen in einem Karboden und leuchten die weiten Hänge ab. Dort – ein Reh, ganz oben unter den Mauern, und das Spektiv sagt – ein Bock, aber was für einer?

Wir müssen näher. Rasch über die Alm und dann gedeckt durch Geröll und Latschen hinauf. Näher, immer näher.

Ich bin von der Schlieferei total ausgepumpt. Die letzten Latschen – dann ist Schluß. Weit und breit kein Baum – kein Strauch, und noch immer gut dreihundert Schritt bis zum Bock. Das Spektiv sagt jetzt schon mehr – ein guter Ib. Auf einem großen Stein kann ich wunderbar auflegen. Der Jäger meint noch, ich sollte drüberhalten, sei doch ein sakrisch zacher Schuß. Schön – ich fahre hinein, hoch zum Ziemer, dann drüber und lasse fliegen. Einen Meter überschossen! Beim Nachschuß fahre ich mitten hinein, schieße aber übereilt und nervös. Den Bock reißt es hinten herum. Das Waidmannsheil des Jägers war ein wenig verfrüht, denn der Bock geht zwar steif, aber zügig ab, immer den Mäuerln entlang. Kein Schuß mehr anzubringen, und weg ist er in den Latschen. – Der Jäger springt in den Kargrund um seinen Hund. Der ist aber auch weg, samt Rucksack. Vieh war aufgetaucht und hatte ihn angegangen.

Am Anschuß finden wir ein wenig Wildbret. Schlegelstreifschuß? Dann regnet es die ganze Nacht in Strömen.

Am frühen Morgen verläuft die Nachsuche mit einem richtigen Hatzer zunächst erfolgreich. Bis zu den Latschen hält der Hund die Nase tief. Dann springt er auf eine gesunde Fährte um, und aus ist es.

Der Regen kommt waagrecht daher. Ich friere wie nie zuvor in meinem Leben. Patschnaß wate ich ins Tal. Tief deprimiert ob der beiden Mißerfolge. Jetzt heißt es, einigermaßen Haltung bewahren. Mit einem dünnen Lächeln entlohne ich Jäger, Hundeführer und Fahrer, und dann bin ich dahin. –

Eine Woche später bin ich wieder in den Wäldern. Diesmal auf der Höhe eines mächtigen, einsamen Berges, um die 1300 Meter. Habe noch einen Bock gewonnen. Wir pirschen abends, wir pirschen morgens, drei-, sieben-, zehnmal. Sehen Hochwild noch und noch – auf jedem Schlag zwei bis fünf Stück, aber wenig Rehwild. Nur mein Bock ist nicht zu kriegen. Von einem Sitz aus mit dem Spektiv wohl zu sehen, aber wenn wir versuchen, mit hängender Zunge heranzukommen – nicht mehr da. Oder besser, schon da, aber weder vom „oberen" noch vom „unteren" Hochstand zu sehen. Der Alte schlieft genau im toten Winkel. Denn warten wir einmal oben, da schreckt er unten. Passen wir unten, da blitzt es einmal oben rot durch den Jungwald. Wir sind schon ganz verzagt. Aber beim elftenmal, abends, um acht, ist der Bock da. Direkt rechts unterm Sitz kommt er heraus und hat uns schon. Ich kann mich nicht rühren. Der Jäger geistert hinter mir herum. Der Bock macht zwei Fluchten, ich hebe das links liegende Gewehr rasch herum, fahre hoch oder besser tief – sehe rot im Glas und schieße … drunter, drunter, drunter.

Der Bock geht weit über den Schlag und schreckt anhaltend. Du hast gut schimpfen – wie kann man denn auf 20 Schritte steil nach unten durchs Glas schießen? Wir packen schweigend zusammen. Auf der Talfahrt fängt der Jäger zu schwärmen an über Höhe, Auslage und Stangenstärke. Na, und die Perlung und die langen weißen Enden! Unten sage ich Waidmannsdank, entlohne den Guten und finde noch ein paar gequälte Scherzworte. Dann bin ich allein.

Auf der Heimfahrt. Ich bin enttäuscht, entmutigt und niedergeschlagen. Immer wieder lasse ich die drei Erlebnisse an meinem inneren Auge vorüberziehen. Hätte ich nicht das und jenes …

Ja, wenn …

Ich gehe jede Einzelheit der Pirschen auf die drei Böcke durch, und langsam, ganz langsam weicht der Kummer über das Versagen den Eindrücken rund um diese drei Fehlschüsse. Ich sehe die lieblichen Vorberge mit ihren weiten Wiesen und Feldern und erlebe noch einmal die Majestät des Hochgebirges mit dem Unwetter in den Mauern des Kars, ich schreite wieder durch die Wälder und Schläge der einsamen Bergkuppe an den Hochmooren entlang. Ich atme die harzige, herbe Luft der Höhen, während das Tal in Dunst und Hitze versinkt. Sonnenaufgang und -untergang, Mond und Sterne begleiten mich auf dem Fluge der Gedanken. Der großartige Anblick, den ich immer hatte – Hirsch, Gams, Reh und die anderen heimlichen Bewohner unserer schönen Heimatberge und Wälder. Ein Glücksgefühl durchströmt mich. Was gilt der Schuß, was gilt die Trophäe! Das Erlebnis allein ist entscheidend. Dankbar bin ich für diese Stunden alle, die ich empfangen durfte als Jäger in Gottes freier Welt.

P.S. (noch rasch vor Drucklegung): Man soll nicht so viel Sprüch' machen. Ich habe die drei Böcke dann doch noch geschossen.

Wie ich, Sascha der Hund, mir ein Taxi nahm

Zunächst möchte ich mich vorstellen. Ich heiße Sascha, besser gesagt, ich werde so gerufen. Manchmal rufen Herrl oder Frauerl auch einfach „Hund". Das geschieht dann, wenn ich irgendetwas ausgefressen habe. Da merke ich gleich an der Anrede „Hund", daß es klug ist, sehr bekümmert und schuldbewußt dreinzuschauen, den Schwanz einzuziehen und schräg nach oben zu schielen. Dann habe ich fast schon gewonnen. Eigentlich heiße ich „Astor vom Feuchtenstein", aber wenn mein Herrl seinen vollen Namen nicht gebrauchen darf, freut mich das auch nicht. So ist es mir lieber, sie rufen mich Sascha, so wie mein berühmter Vater im Salzburgischen genannt wurde. Das „Feuchtenstein" muß ich irgendwie mißverstanden haben, denn als kleiner Welpe habe ich überallhin Lackerl gemacht, damit es eben überall gut nach mir riecht und daß jeder gleich weiß, wo meine Heimstatt ist. Aber das wollen die Menschen nicht so gerne.

Damals ist der Ruf „Hund" aufgekommen. Jetzt bin ich schon alt, über zehn Jahre, im zehnten Behang, wie die Menschen sagen in ihrer merkwürdigen Jägersprache. Nun bin ich weise und abgeklärt und mache nur noch Lackerl, wenn ich im Haus schlafen darf und mein Herrl vergessen hat, mich abends noch äußerln zu führen. Da schaun sie dann dumm in der Früh, aber sagen tun sie nichts. Ich mache das Lackerl ohnehin nur auf eine Stelle, wo ein Kunststoffboden liegt, da kann man leicht aufwischen. Ich will ja keine unnötige Arbeit und Aufregung verursachen, wie in meiner Jugend, als ich gerne Patschen fraß und

Teppiche anknabberte. Jetzt bin ich sehr würdevoll, noblesse oblige, ich weiß, was sich gehört. Ja so, Du willst wissen, welcher Rasse ich angehöre. Ich bin ein Bayrischer Gebirgsschweißhund, ein hirschroter, mit dunkler Maske. Formwert haben sie mir erst nur „sehr gut" gegeben, weil ich bei der Vorprüfung so mager war.

Dafür habe ich das Examen aber auch als einziger bestanden, die anderen dicken Kollegen wurden, wie es so schön heißt, „zurückgezogen". Damals habe ich schon totverbellen gekonnt. Mein Herrl bildet sich ein, daß er mir das, wie alles andere, beigebracht hat. Lassen wir ihm die Freude. Im Vertrauen, ich habe so eine gute Erbmasse vom Senior-Sascha und von der unvergessenen, nächtelang beweinten Mutti, daß ich es auch so getan hätte, das Totverbellen. Obwohl mir der Trick vom Herrl gut gefallen hat: Am Ende einer (für mich lächerlich leichten) künstlichen Schleppe eine umgedrehte Obststeige hinzustellen, so daß ich das herrlich duftende rohe Stück Fleisch zwar sehen und vor allem riechen konnte, aber nicht erreichen. Na, da habe ich sofort Laut gegeben und bin um die Steige herumgetanzt und hab' mit den Pfoten gescharrt. Also, ich muß mich kurz fassen. Nach der Prüfung haben mich alle gelobt und gestreichelt, aber ich mußte noch eine Bestätigung aus einem fremden Revier beibringen, daß ich lauthals hatze. Nichts leichter als das.

Als mein Herrl mich auf einer wunderbaren Wundfährte schnallte und „hui hatz" und „lauf" rief, da gab es für mich kein Halten. Mit Hiff-Haff ging es durch den Wald, bis ich das Stückl gestellt hatte. No, und dann gab ich Standlaut, bis alle heranwaren. Alles kein Problem. Da wußte ich noch nicht, was mir diese Bestätigung für ungeahnte Freuden einbringen würde, aber bald sollte ich es erfahren.

Ich wurde als Zuchtrüde zugelassen. Jetzt begann eine herrliche Zeit für mich. Also Hündinnen habe ich gehabt, Hündinnen sage ich Dir – einfach sagenhaft. Eine schöner als die andere. Alle Jahre die herrlichsten jungen Damen weit und breit. Ich habe nämlich keine Verwandten in der Gegend, da haben sie mich besonders gerne genommen. Fünf Jahre – das war ein Leben! Sogar nach meinem achten Lebensjahr wurde ich angefor-

dert, obwohl da eigentlich schon Schluß sein soll mit der offiziellen Liebe. No, und inoffiziell geht's natürlich noch weiter, obwohl ich nach Menschenmaß schon siebzig bin. Nur raufen muß ich mich halt jetzt mit so jungen Spritzern um die Weiberln, und oft genug komme ich müde und zerbissen, aber glücklich heim. Da schaut mich dann mein Herrl so merkwürdig an. Nur keinen Neid, bitte. Mein Kostgeld habe ich mit der Liebe selber verdient, ganz zu schweigen vom Anschaffungspreis, der war sofort hereinverdient. Jetzt allerdings genieße ich schon das Gnadenbrot, obwohl ich auf der Jagd noch voll da bin. Jetzt verdiene ich mein Futter nicht mehr mit der Liebe, sondern mit dem Wildpret, das ich zu Stande bringe und das ohne mich verloren wäre. Von weither holen sie mich noch immer. Und voller Stolz höre ich, daß keines meiner sechsundsiebzig Kinder versagt hat, alle sind gute Schweißhunde geworden. Unlängst habe ich eine sehr schöne junge Hündin getroffen, das muß eine Enkelin von mir gewesen sein, so schön war sie.

Aber nun genug – ich wollte Dir ja erzählen, wie ich mir ein Taxi genommen habe. Wieder einmal hatten sie mich zu einer Nachsuche geholt in ein mir völlig fremdes Revier. Ich bin ins Auto eines Jägers von meinem Herrl gesprungen und wußte schon, was bevorstand. Denn mein Herrl, der hat arbeiten müssen und konnte nicht mit. Aber als er mir die Halsung umgelegt hat, sozusagen meinen Dienstanzug, und mich streichelte und sagte: „Such schön das Bockerl", da war ich schon ganz aufgeregt. No, wir sind ziemlich weit gefahren – schon an der Dauer hab ich gemerkt, daß es nicht ins eigene Revier ging. Dann sind wir ausgestiegen. Da waren fremde Männer, die rochen auch nach Jagd, also hab ich sie nicht angeknurrt, sondern mir schön tun lassen. Gleich sind wir losgezogen, von der Straße rechts hinauf in die Berge. Ziemlich weit und bald auch recht steil. Das machte mir natürlich nichts aus, jünger war ich auch noch. Aber gezogen hab ich nicht, weiß ja, wie man sich ordentlich benimmt. Aber diese Jäger haben geschnauft – sagenhaft –, die halten überhaupt nichts aus, diese Menschen. Total verbaut. Endlich waren wir am Anschuß, und mein Führer, der Jäger vom Herrl, hat mich angesetzt. Oje, da brauchte ich nur eine Nase voll zu nehmen von dem bissel Schweiß, der da war, und ein paar Fluchten weit die Fährte zu verfolgen, um zu wissen: dem Stückl fehlt überhaupt nichts. Ein Kratzer vielleicht, ein Streifschuß. Der Schweiß hat bald aufgehört, und in den Trittsiegeln war keine Spur mehr von einer Krankwittrung. Das Reh bekommen wir nie, dachte ich, aber wie bringe ich das meinem Führer bei? Ich tat so uninteressiert wie nur möglich, aber da kam ich an den Falschen. Ich mußte zurück an den Anschuß und von vorne beginnen. Das kann ja heiter werden, sinnierte ich und überlegte, was zu tun sei. Ich erinnerte mich ganz genau an eine ähnliche Lage, da glaubte der Jäger auch, gescheiter zu sein als ich – obwohl diese Menschen ja überhaupt nicht riechen können –, und hatte mir eins drüber gegeben. Nicht, daß er mich richtig geschlagen hat, nein, das nicht – aber ich bin eine empfindsame Seele und leicht beleidigt. Also das sollte mir nicht noch einmal passieren.

Da kam mir plötzlich eine glänzende Idee! Ich zog meinen Führer an der langen Leine in ein sagenhaftes Dickicht – na, der war nach ein paar Metern total erledigt. Und was mußte er dann? Schnallen mußte er mich! Darauf hatte ich nur gewartet, und schon war ich dahin, frank und frei. Ich hütete mich, Hatzlaut zu geben – erstens war da nichts zu hatzen, und zweitens wollte ich mich nicht verraten. In kürzester Zeit hatte ich einen großen Abstand zwischen mich und die Jäger gelegt, und nun gab ich mich ganz meinen Neigungen hin. Ich erforschte das mir bis dahin unbekannte Revier – das kann man immer brauchen –, verfolgte so manche süß duftende, gesunde Fährte, obwohl das streng verboten ist. Aber es war halt sooo schön. Daß ich ein gesundes Stückl alleine nicht zur Strecke bringen kann, wußte ich längst, und zu zweit mit einem Kollegen jage ich nicht. Das ist unter meiner Würde – ich bin ja kein Wilderer. Aber so ein bissel hinterdrein rennen und die Rehe und Hasen schrecken, das tat ich wohl. So verging eine lange Zeit. Einmal kam ich ganz nahe an die Jäger heran und hörte sie zornig rufen – au weh, dachte ich, die sind ganz schön sauer, wenn sie mich jetzt zu fassen kriegen, gibt es erst recht Schläge. Und um die zu vermeiden, war ich ja weggelaufen. Also verhielt ich mich ganz still und schlich mich

wieder davon. So weit hatte ich nicht vorausgedacht, aber ich
erinnerte mich genau, daß die Menschen erst sehr zornig sind,
wenn man abhaut, aber wenn man lange genug wegbleibt,
dann ändert sich die Stimmung – dann sind die Menschen ganz
froh und glücklich, daß man wieder da ist. Höchstens ein hartes
Wort, und gleich darauf wird man abgeliebelt. Also beschloß
ich, ordentlich lang wegzubleiben. Und das tat ich auch. Ich
durchstreifte neuerlich weite Strecken. Plötzlich fiel mir siedendheiß ein, daß ich nach meinem Ausflug nicht wie sonst (die
paar Mal, die ich früher durchgebrannt war) zur Jagdhütte
zurückkehren konnte – denn ich war ja in einem fremden Revier! Was tun also? Mein Entschluß war rasch gefaßt. Dann eben
nach Hause laufen! Gedacht, getan. Ich bin auf den Berg hinauf,
also mußte ich zunächst einmal ins Tal hinunter – das war klar.
Als ich unten an eine Straße kam, war die Entscheidung rechts
oder links auch nicht schwer. Beim Aussteigen aus dem Auto
waren wir rechts den Berg hinauf – also mußte ich mich jetzt
links halten. Und so trottete ich im Zuckeltrab los, immer schön
am Straßenrand, denn mit den Autos hatte ich in frühester Jugend schon unliebsame Bekanntschaft gemacht, als ich ange-
fahren wurde und ein Hinterlauf brach. Ins Tierspital wollte ich
wirklich nicht wieder. Also aufgepaßt und schön am Rand gelaufen. Die Gegend war mir völlig fremd. Ich war sicher, hier
noch nie gewesen zu sein. Aber ich war ja auch recht lange im
Auto gefahren worden. Da mußte der Rückweg sehr weit sein.
Ich lief und lief. Die Straße machte viele Kurven, es ging bergauf
und bergab, aber ich hatte das Gefühl, daß es der richtige Weg
war. Nach einer großen Zeitspanne kam ich zu einer Straßen-
kreuzung. Das war ein richtiger Knotenpunkt. Von allen vier Seiten kamen und nach allen Richtungen fuhren Autos. Wo aber
geht's nach Hause?, dachte ich. Ich war schon recht müde, setzte
mich und überlegte; auf der Herfahrt war ich nie gegen die
Autotür gedrückt worden, wie das geschieht, wenn man scharf
links abbiegt. Aber auch nicht gegen die Automitte – also müssen wir von geradeaus gekommen sein. Klar! Und ich setzte
mich wieder in Trab. Weiter ging es am Straßenrand neuerlich
eine lange Zeit. Ich fühlte, daß ich am richtigen Weg nach Hause

war. Dann aber kam eine schwere Entscheidung. Wieder teilte sich die Straße. Eine ging geradeaus, die andere bog halblinks ab. Die meisten Autos fuhren geradeaus, nur wenige bogen links ein. Ich erinnerte mich, daß wir auf der Herfahrt, als ich unten im Auto lag, anhalten mußten und daß viele Autos an uns vorüberfuhren, ehe wir einbiegen konnten. Außerdem war das auch auf dem Wege in das eigene Revier immer so. Sollte ich schon so nahe der Heimat sein? Ein unerklärlicher, unwiderstehlicher Drang zog mich zur Abzweigung. Es gab keinen Zweifel – hier mußte ich hinüberlaufen und nicht geradeaus. Als die Entscheidung gefallen war, fühlte ich mich wieder frei und kräftig und steigerte mein Tempo. Ich spürte direkt körperlich die Nähe der Heimstatt. Und richtig – plötzlich kam mir die Gegend bekannt vor. Hier war ich schon mit einem Freund meines Herrls spazieren gelaufen, als er mich zu ihm in Kost gegeben hatte, weil Herrl und Frauerl wegfahren mußten. Diesen Jäger liebte ich besonders. War viel mit ihm in dessen Revier, und er hatte mir auch viel beigebracht, das ich gut brauchen konnte. Und sein Frauerl kochte einfach traumhaftes Hundetschappi, Kaiserschmarren zum Beispiel. So denkend beschleunigte ich meinen Lauf. Bald war ich in dem Vorort, in welchem dieser Jäger wohnte, lief schnurstracks zu seinem Haus und bellte lauthals. Kannst Du meine Enttäuschung begreifen, als ich merkte, daß niemand zu Hause war? Jetzt erst kam die Müdigkeit durch, die Pfoten waren am harten Asphalt durchgelaufen und taten weh. Der seelische Schmerz aber war noch größer. Macht nichts, beiß die Zähne zusammen, dachte ich, und lauf die letzte Strecke zum Herrl auch noch. Wird schon gehen. Da aber in der Not kam mir der rettende Gedanke. Dieser Freund meines Herrls, mein geliebter Jägersmann, hat ja einen Bekannten hier im Vorort. Den hab' ich auch kennengelernt. Und schon lief ich zu der Tankstelle, bei welcher er wohnte. O Freude, er war da. Ich bellte und sprang trotz meiner Müdigkeit und Schwäche um ihn herum. „Ja Sascha", rief er, „wo kommst du denn her? Und warum rennst du immer zu meinem Auto hin und zu mir zurück?" Und ich erzählte ihm mit wenigem Bellen, Winseln und Jaulen meine Geschichte. Er begriff sofort: „Du bist durchgegangen, hast hergefunden, bist müde und willst heimgefahren werden?!" ‚Richtig, guter Mann – bist ein kluger Mensch', bellte ich. Und er ging zum Telefon und sprach lachend etwas hinein. Dann lud er mich in seinen Wagen und wir fuhren los. Das tat wohl, endlich liegen und die wundgelaufenen Pfoten von sich strecken zu können. Nach kurzer Zeit waren wir bei uns zu Hause. Mein Herrl stand im Hof, ich sprang heraus und an ihm empor. Aller Schmerz, alle Angst waren verflogen. Wir hatten uns wieder. Lachend streichelte mich mein Herrl und sagte: „Bist ja mein kluger Hund." Na ja, das „Hund" statt Sascha zeigte mir doch, daß er genau wußte, daß ich etwas ausgefressen hatte, und so machte ich ein bißchen auf unterwürfig und mimte schlechtes Gewissen. Daß Frauerl in das andere Revier gefahren war und auch nach mir gerufen hatte, konnte ich nicht ahnen. Und auch nicht, daß mein Herrl ihr am Telefon, als sie ganz verzweifelt anrief, um zu vermelden, daß Sascha nicht gefunden worden sei, nur kurz sagte: „Kann ja auch nicht gefunden werden, denn er ist schon zu Hause."

Alle lobten mich dann, das beschämte mich fast. Denn das Heimfinden war ja kein großes Problem gewesen. Aber jenen Menschen, die da meinen, wir Hunde könnten nicht denken, denen hab ich es einmal ordentlich gezeigt. Allerdings müßte ich dazu nicht erst aus einem fremden Revier weit heimlaufen. Denn ich habe schon viel früher den Schlafsack erfunden. Mein flacher Polster am Platzi ist mit einem Jutesack überzogen. Nach vielen kühlen Nächten dachte ich mir eines Tages: ‚Warum soll ich eigentlich frieren?' Und kroch in den Sack hinein. Einen Sack gab es nicht in der Urzeit der Hunde. Das war eine echte Gedankenleistung! Na, was sagst Du jetzt?

Gottes freie Welt

Es ist das Leben gar zu schön
In Gottes freier Welt
Es schweift der Blick von allen Höhn
Was gilt mir Gut und Geld?

Die Sorgen bleiben weit im Tal
Dort wo der Nebel braut
Wie klingt des Jagdhorns heller Schall
So lieb mir und vertraut.

Was ich im Freundeskreis gewann
Das raubt mir keine Welt
Wenn auch die Zeit zu rasch verrann
Das Leben bleibt erhellt.

Die Zeit und wir

Normalerweise bin ich ein höchst mittelmäßiger Scheiben-schütze. Aber zu extraordinären Anlässen, z.B. Jägerbällen, so nachts um drei, abgespannt und zufrieden, treffe ich ins Schwarze. Und das so anhaltend, daß da und dort eine Jagdein-ladung als Preis herausspringt.

So findet mich St. Hubertus wieder einmal inmitten der steiri-schen Berge und Wälder, durch welche noch mein IIb-Hirsch trollt, nicht ahnend, daß ich seinen Abschuß gewonnen habe. Noch aber stehe ich auf dem Marktplatz und staune: Der Frem-denverkehrsknotenpunkt (schönes langes Wort!) und Kurort (Kuhort wäre besser) weiß, was er seinem Rufe schuldig ist. Autobus um Autobus rollt heran, und sie speien ihre Naturan-beter aus. Nicht gerechnet die unzähligen „Herrenfahrer". (Sie wollen von den Autoraten schon nichts mehr „herren"!) Ein kur-zer Rundblick: „Na ja, in Tirol letztes Wochenende war's schö-ner. Der See? Bekannt, bekannt! – Sehr hübsch, aber heuer we-nig Wasser und ein bißchen weit zu gehen. Sieht man ja auf den Ansichtskarten viel schöner …" Und schon wendet sich der Gast (nicht mit Grausen, das bleibt mir vorbehalten), wendet sich zu den einladenden Wirtshäusern, um die Natur, die ach so nahe, mit ein paar Krügeln hochleben zu lassen.

Gottlob rufen die Hupen der Autobusse bald zu neuen Taten – andernorts –, um noch rasch an einer weiteren Schönheit der göttlichen Schöpfung zu nippen (alles im Pauschalpreis inbe-griffen!). Es wird wieder stiller. Doch nicht lange, dann läuten die Glocken, eine Musikkapelle schmettert laut und falsch … Eine Bauernhochzeit. Das paßt schon besser in die Landschaft, aber auch dieser Ton ist nicht mehr ganz echt. Wohl spielen die

Musikanten im Saal fleißig – bis drei Uhr früh –, aber immer wieder tönt aus der Stube die Wurlitzer-Orgel dazwischen, Musikanten sind aus Fleisch und Blut, durstig und werden einmal müde. Die Musikbox hat das Rennen gewonnen. Die Maschine mit Schillingen gefüttert – wird nie müde und behält um halb vier triumphierend die Oberhand und das letzte Wort – den letzten Ton.

Von Schlafen ist keine Rede. Aber dann entführt mich der Jäger, der wie ein rettender Engel still und selbstverständlich aus dem Dunkel der Nacht auftaucht, in die Berge. Alles, alles bleibt zurück im Tal – Lärm, Hast und Unverstand. Eine kleine Konzession der Jagd an die Technik nehme ich gerne in Kauf. Eine halbe Stunde Anfahrt auf waghalsigen Caterpillarwegen. Dann aber der Aufstieg – allein –, so wie es immer war, seit Urzeiten. Wir kommen durch ein karges Gebiet – krummes, niederes Holz, wenig Almboden, kein Wasser und immer wieder Muren – wild zerklüftete ausgetrocknete Wildbachbette –, wenn's da einmal regnet, da kommt der halbe Berg zu Tal. –

Auf dem Hochsitz knapp an der Baumgrenze. Der Himmel wird langsam fahl. Darüber, überm Graben, steht die Silhouette des Waldes tiefschwarz wie ein Scherenschnitt gegen das langsam heller werdende Firmament. Und eine kleine graue Wolke ist ausersehen, vor allen den ersten Kuß des Tages zu empfangen.

Langsam, langsam gleitet ein rosa Hauch über sie hin. Ich bin aufs neue überwältigt. Der Tagesanbruch, der erste Vogelruf, das Erwachen der Natur – mit wem wollen wir Jäger da tauschen in der weiten Welt? Meine Wolke flammt jetzt längst in strahlendem Rot, und ein neuer Tag beginnt. Wir sitzen unter einer mächtigen Mauer, die Hunderte von Metern aufragt bis zum zerklüfteten Grat. Durch zwei Löcher im Gestein leuchtet blauer Himmel. Zwischen uns und der Mauer steindelt es. Der Wind – die Gams – der Frost. Langsam kommt der Berg zu Tal. Ich erinnere mich an den Aufstieg, an die wasserlosen Ströme Gesteins, die unaufhaltsam zu Tal fließen. Und ich denke an die Mär vom Vögelein, das alle tausend Jahre seinen Schnabel am Gipfel wetzt und so den Berg zum Fallen bringt.

Und wie ein Donnerschlag überfällt mich der Gedanke, daß in gleich wievielen Millionen von Jahren keine Mauer mehr stehen wird, da nicht und dort nicht, und daß es vielleicht kein Wild und keine grüne Steiermark mehr geben wird. Was ist dagegen ein Menschenleben? Ein Nichts gegen die Ewigkeit. Und trotzdem oder gerade deshalb: Solange wir sind, müssen wir und durch uns unsere Erben mit aller Kraft und aller Liebe, mit Mut und Hingabe dafür wirken, daß sich an Heimat und Vaterland, an Wald und Jagd nichts, aber auch schon gar nichts zum Schlechten wendet.

Der Jäger stößt mich leise an und deutet gegen den Grat. Dort oben aber kreist majestätisch der Herr der Lüfte – ein Meisterstückl vom lieben Gott –, der Adler.

Die Sonne

„Herbstjagd in Oststeier." Das ist ein Zauberwort für den einsamen Kugelschützen aus dem Oberland. Und alle Jahre wieder freue ich mich unbändig auf diese Zeit, wenn die Hörner schallen, untermalt vom Jaulen der ungeduldigen vierbeinigen Jagdkameraden, wenn dann ein kleiner Weltkrieg losbricht und man der Luft so manche Schrotlöcher schießt. Ja – wenn man aufgeht in der größeren Gemeinschaft.

Und so findet mich die graue Morgendämmerung auf der Fahrt von Graz gen Osten. Noch in der Nacht war es von Obersteier losgegangen, um rechtzeitig am „Z'ammverlaß" zu sein. Und während der fahrbare Untersatz Kilometer um Kilometer abspult, geschieht das große Wunder – es wird Tag! Das dunkle Grau wird heller, und plötzlich steht eine zartrosa Fahne am Himmel. Der hügelige Horizont wird klarer – der liebe Gott zieht neue Fahnen auf –, und da steigt langsam und majestätisch ein großer rosaroter Ball empor – unsere Sonne. Die ersten Strahlen kommen wie kühle, sanfte Wellen über die Hügel auf mich zu. Nun sind auch die feinen Nebelschwaden in den Mulden übergossen und verwandeln sich in rosa Wattebäusche. Ein glückliches Lächeln spielt um meine Züge. Mir ist ein neuer Tag geschenkt!

Mittagsrast. Müdegelaufen und auch schon ein wenig müdegeschossen, hocken wir am Waldrand im goldgelben Laub und tun uns an der Jause gütlich. Da kramt einer in seinem Rucksack, der andere nimmt einen kräftigen Schluck vom „Doppelten". Zwei weitere sind in ein bedächtiges Gespräch vertieft. Die Vierbeiner strecken jedes einzelne von den Vieren von sich und schnaufen zufrieden. Ich wende blinzelnd mein Gesicht der

Sonne zu, die nun als kleine gelbe Scheibe flimmernd über uns steht und uns glauben machen will, daß noch Sommer sei. Behaglich räkle ich mich – döse ein wenig und lasse den lieben Gott einen guten Mann sein. Die Sonne scheint voll auf meine geschlossenen Augen. Ich sehe das rote Blut in meinen Lidern. Wie ist das Leben schön. –

Der letzte Trieb. Viel ist nicht mehr los. Die Hasen dahin, die Fasanen teils schon aufgebaumt. Ich stehe in einem Wieseneck, das tief in den Wald einspringt. Die untergehende Sonne wärmt mir den Rücken, doch vorne friere ich schon ein bißchen. Die Knochen sind halt nimmer die jüngsten, stehe auch schon im Herbst meines Lebens. Vor lauter Sinnieren passieren mich Hahn und Henne ungeschoren. Da lasse ich endgültig die Flinte sinken, spähe nicht mehr angestrengt nach Wild, sondern schaue endlich bewußt in den Wald. Wie das flammt in allen Tönen von Rot und Gelb. Ich wende mich, und da steht sie, groß und strahlend über dem Horizont – die Sonne. Nun ein riesiger goldgelber Ball. Sie blendet nicht mehr, ich kann ihr Sinken offenen Auges beobachten. Es geht rasch – sie taucht in eine schmale Wolkenbank, wird fahl – lila – violett – aus!

Der Tag hat sich vollendet.

Die Hütte

Was gibt es Gemütlicheres als eine Hütte in den Bergen? Draußen hat die Nacht ihr dunkles Tuch über Wald und Flur, über alles Sein gebreitet. Drinnen aber wetteifert die traulich flackernde Flamme der Petroleumlampe mit den Lichtern des alten Herdes, die aus dem Ofentürl und der gesprungenen Herdplatte hervorblitzen. Das knisternde Holzfeuer zaubert Schattenspiele an die Hüttenwände. Heimelig warm ist es, und es riecht nach Holz. Nach dem alten Bauholz der Hütte, nach den brennenden Scheitern aus Fichte, Föhre und Birke. Hier mag ich sogar den Rauch aus einer Pfeife oder Zigarre, wenn ein Gast schmauchen möchte. Die Kringel steigen zur Decke. Dort hängt dann ein feiner, blauer Schleier und wiegt sich im leisen Zug. Die Kuckucksuhr ruft. Zeit für ein Abendmahl.

Nirgendwo geraten die „Palatschinken" oder der „Kaiserschmarrn" so gut wie auf der rissigen Platte des holzgefeuerten Herdes, in einer buckligen, dünnen Pfanne, die auf dem Elektroherd der städtischen Einbauküche kläglich versagen würde und längst im Schrott gelandet wäre.

Wein und Bier schmecken nirgendwo so gut wie auf einer Hütte, denn sie sind im fließenden Wasser des Brunnentroges gekühlt. Leben, richtig leben kann man eigentlich nur dort, wo man Wasser an der Quelle aus der hohlen Hand trinken kann. Als wir einmal Besuch von Freunden aus Afrika hatten und mit ihnen auf die Hütte fuhren, da standen sie wie gebannt vor unserem Brunnen. Nichts, keine Felsen und Berge, keine Wälder beeindruckten sie so sehr wie das viele fließende, ungenützt davonrinnende Wasser.

Und nirgendwo kann man so zu sich selber finden, wie auf

der „Veranda" – dem einfachen Vorbau der Hütte, wenn man im kühlen Nachtwind zu den Sternen blickt. Hier ist noch nicht, wie in der Stadt, eine Staub- und Dunstglocke, die jede Aussicht versperrt, über alles Leben gestülpt.

Die Kühe auf der nahen Alm liegen satt und wiederkäuend auf der Weide. Ab und zu schlägt eine Glocke an. Sonst Stille. Kein Auto, kein Telefon.

Nicht minder schön als das abendliche Leben auf der Hütte ist die Heimkehr am Morgen nach einer ausgiebigen Frühpirsch. Müde und hungrig strebe ich der Heimstatt zu. Noch in grauer Morgendämmerung habe ich mich leise davongemacht. Nun, nach Stunden der Wildbeobachtung, kehre ich heim. Eine Wegbiegung noch, und da liegt sie – die Hütte. Golden glänzt das alte Holz in den ersten Sonnenstrahlen. Eine feine Rauchsäule steigt aus dem Kamin und verheißt dampfenden Tee, mit Rum, versteht sich. Gibt es einen heimeligeren, mehr Geborgenheit versprechenden Anblick als ein Haus mit rauchendem Schornstein? Feuer! Inbegriff der Menschwerdung. Ist es wahr, daß viele Menschen nicht mehr imstande sind, in einem Herd ein Holzfeuer zu entfachen? Wo sind wir hingeraten?

Aber unser Feuer hier brennt wahrhaftig. Der Rauch kündet davon. Arme Männer, die in der Stadt heimkommen und einen Zettel vorfinden: „Wurst und Käse sind im Kühlschrank. Bin beim Psychiater." Ich aber weiß, wenn ich in die Hütte eintrete, wird meine Frau da sein. Sie wird am Herd stehen und gerade ein kräftiges Frühstück bereiten. Sie wird aufregend erhitzt sein durch das Hantieren am Herd. Und ich werde sie in meine Arme nehmen.

Picknick im Walde

Glücklich und begeistert waren sie spätabends zur Jagdhütte zurückgekehrt. Meine jüngere Tochter, ein hübsches, liebes Mädel, und ihr norddeutscher Freund, der, aus der Ebene stammend, nun die Berge erwandert und liebgewinnt. Den ganzen Tag waren sie unterwegs gewesen, über die Baumgrenze hinaufgestiegen, um vom Speik aus den herrlichen Rundblick in alle Himmelsrichtungen zu genießen. Da sieht man wirklich einen Gutteil der österreichischen Bergwelt, und das Herz wird weit. Bei einem Almgasthof waren sie dann, so berichteten sie, zu Mittag eingekehrt, hätten aber nur wenig gegessen, denn sie wollten sich den Hunger und die mitgenommene Wegzehrung für ein Spießbratelfeuer am Abend aufheben. Da runzelte ich schon die Stirne und zog die Augenbrauen hoch. Feuer im Wald! Wohl versteht mein Mädel mit Feuer umzugehen, und auch dem jungen Manne traute ich Vernunft und Besonnenheit zu – aber ein Risiko bleibt das Feuermachen doch immer. Dann aber zog ich die Augenbrauen wieder herunter, um eine gewitterdrohende Falte über der Nasenwurzel zu fabrizieren, als ich erfuhr, daß die beiden jungen Leute den ganzen Nachmittag durch das eigene Revier gezogen waren. Daß dabei das silberhelle Lachen meiner Tochter das Wild nicht gerade beruhigt haben mochte, war anzunehmen. Und die Versuche, aus norddeutscher Kehle einen Juchzer oder Jodler hervorzubringen, mögen es sicher tödlich erschreckt haben. Aber ich erinnerte mich, daß ich vor meiner Zeit als Jäger auch ziemlich unbekümmert durch den Wald gestreift war, ohne an das Wild zu denken. Meine Kinder lieben zwar die Natur, bringen aber für die Jagd und alles um sie herum nicht das Verständnis auf, wie eben ein Jäger. Also ließ ich mir weiter berichten. „Am schönsten wurde es am Abend", schwärmte mein Töchterl, „da haben wir im letzten Licht einen ebenen freien Platz gefunden. Klaus hat von einem Steinhaufen, der da lag, ein paar Stücke genommen und eine Feuerstelle gebaut. Dann haben wir Lieder gesungen, Speck geröstet am Spieß und auf den heißen Steinen, Brot dazu gegessen und Wein getrunken. Es war einfach herrlich." „Funkenflug war keiner", ergänzte Klaus, „ein wenig nur", schwächte er ab, als er meinen Blick sah, „nachher haben wir das Feuer gelöscht und alles ausgetreten."

„Alles abgetreten, solltet ihr lieber sagen", meinte ich, „denn nach eurer Erzählung habt ihr an einem Nachmittag das halbe Revier ausgeleert. Aber nun ist es schon passiert." Und den Umarmungen und treuherzigen Entschuldigungen einer Tochter kann ein Vater schlecht widerstehen. „Nun aber rasch in die Betten, es ist schon spät."

Am nächsten Morgen, als ich von der Frühpirsch zurückkam, prasselte schon ein lustiges Feuer im Herd, der Teekessel dampfte und die Hütte war heimelig warm. So ließen wir uns dann zu einem gemütlichen Frühstück nieder, das aber bald gestört werden sollte. Einer unserer Aufsichtsjäger, Fritz, der fleißigste und aufmerksamste, polterte aufgeregt die Stiege herauf und in die Hütte herein. „Waidmannsheil, Herr Baron, ich muß Ihnen etwas melden." „Waidmannsheil", sagte ich, „nehmen Sie Platz, trinken Sie einen Tee mit uns, beruhigen Sie sich und erzählen Sie. Haben Sie einen besonders guten Anblick gehabt, daß Sie so erregt sind?" „Gesehen habe ich schon etwas heute morgen", meinte Fritz, als er sich setzte, „aber kein Wild. Es ist etwas passiert!" „Nun spannen Sie uns nicht so auf die Folter", sagte ich, „was ist passiert?" „Irgendwer hat unseren Fuchsköderplatz am Petersitz zerstört", brach es aus ihm hervor. „Sie wissen ja, dort wo der Magnesitprobestollen ist. Jemand hat viele Steine von dem Kegel genommen, in welchen wir immer die Aufbrüche, erlegte Katzen und so weiter werfen." Meine Tochter und ihr Klaus hatten der Erzählung erst mit Erstaunen, dann mit wachsendem Entsetzen zugehört. Das Mädel starrte Fritz mit aufgerissenen Augen an, Klaus stand der Mund offen.

Meine Frau konnte das Lachen kaum noch verbeißen, wandte sich ab und machte sich am Herd zu schaffen. Fritz aber fuhr unbeirrt fort: „Dann haben sie eine Feuerstelle aus den Steinen gebaut und Speck oder was gebraten. Daß diese Leute die halbverweste Katze, die Sie unlängst geschossen haben und die wir in den Steinkegel geworfen haben, nicht gesehen haben, oder daß sie der Geruch dort nicht gestört hat, verstehe ich nicht. Wenn die wüßten, wo sie ihr Picknick im Walde abgehalten haben, na, denen tät's ganz schön grausen."

Wieso war meine Tochter plötzlich so grün im Gesicht? Wieso war Klaus der bislang offene Mund wieder zugegangen, und warum würgte er so merkwürdig an dem Frühstücksbrot? Und wieso stürzten beide wie von Furien gehetzt aus der Hütte? Nie werden wir es erfahren.

Herbstjagd im Unterland

„Sie zogen aus, bis an die Zähne bewaffnet, an die dreitausend, an die dreihundert, an die dreißig, schrecklich anzusehen in ihrem Kriegsschmucke!"

An diese Worte von Hermann Löns muß ich unwillkürlich denken. Von allen Seiten strömen Jäger und Treiber herzu. Vom piekfeinen Waidmann bis zur verwegenen Gestalt, zum Ali Baba aus Steirisch Ostafrika. Vom Sonntagsjägerlein bis zum verwitterten Gesellen, an dem man sieht und riecht, daß er Tag und Nacht im Revier ist – und nicht immer nur im eigenen. Ein wenig verschüchtert stehe ich abseits und blinzle in den klaren, kühlen Herbstmorgen.

Welch ein Gegensatz! Gestern noch in den dunklen, weiten Wäldern des Oberlandes auf einsamem Pirschpfad – und jetzt in dem hellen, übermütigen Trubel einer Niederwild-Jagdgesellschaft, bunt wie der steirische Herbst, der uns von allen Hängen lächelnd grüßt. Da kommt Ordnung in die Reihen, Jagdhörner klingen auf, der Jagdherr spricht. Einfach, klar, herzlich, Worte freundlichen Willkommens. Die Freude am Jagen, am Beschenken, leuchtet aus seinen Augen. Und er vergißt auch den einsamen Kugelschützen „von da droben" nicht. –

Nun bin ich wieder allein. Auf meinem Stand, allein mit dem Wald, der Wiese und meinen Gedanken. Der Trubel ist vorbei, 120 Jäger waren in raschen, sicheren Gängen von drei Aufsichtsjägern angestellt worden, zum ersten Trieb. Ich stehe in einem kleinen Wieseneinschnitt. Rechts und links von mir springt der Wald vor. Stille. Über mir spannt sich ein unwahrscheinlich blauer, südlicher Himmel. Letzte prangende Pracht vor dem trüben Herbstregen, dem nassen Novembernebel und kalten Dezemberschnee. Einzelne Schüsse zerreißen die Stille. Keine Disziplin –, vor dem Anblasen! Das kostet ein Viertel Wein. Dort, wo der Schatten des Waldes auf die Wiese fällt, verläuft eine gar wundersame Grenzlinie. Hüben, noch im Dunkel, spannen sich silberne Fäden von Halm zu Halm, es knirscht der Reif bei jedem Schritt. Aber drüben, im Sonnenglast, da wird das Silber zu Kristall. Und Kugel um Kugel blitzt und funkelt der Tau am Rain. Drüben aber, am sonnigen Gegenhang, steht der Wald im flammenden, goldenen Brand des Herbstes.

Da, Hörnerschall, der Trieb ist angeblasen. Und mit Hussa und Horrido begibt sich die Schar der Treiber ins Gehölz. Schon fallen Schüsse, da und dort. Der Krieg gegen Mümmelmann und Buntgockel ist ausgebrochen. Das ist ein Geknall, ein Rufen und Schreien, daß einem schier Hören und Sehen vergeht. Und näher kommt die Linie der Treiber mit Stockschlag und „Brrrah"! Die Schüsse fallen dichter. Das Jagdfieber packt mich. Und „Obacht, Has!" und „Tiro, Hahn!" wälzt sich die Welle der emsigen Treiber auf mich zu. Da – ein Hahn steht auf aus dem dichten Unterholz am Waldrand. Und vergeblich bohren viele Schrote Löcher in die Luft. Und auch der Nachschuß ballert daneben. Doch dann lächelt St. Hubertus. Ein anderer Hahn streicht dreißig bis vierzig Schritt hoch am Waldrand vorbei, ich ziehe mit und vor und lasse fliegen. Getroffen! Im steilen Bogen endet die stolze Flugbahn. Und gerade dort an der Grenze zwischen Reif und Tau, eingebettet in Silber und Kristall, liegt der bunte Fremdling, der doch so recht heimisch wurde in unseren Wäldern und Feldern. Ein heißes Glücksgefühl durchströmt mich. Und mit bedächtigen Schritten gehe ich zu meinem ersten Hahn.

Am Sammelplatz. Die Strecke des ersten Triebes ist gelegt. Vom Schnepf und Has', Fasan und Häher bis zur Taube fehlt nichts. Durstige Kehlen löschen am Proviantwagen den Brand. Würste dampfen im Kessel. Frohes Treiben allerorten. Da schwingt sich der Schnellrichter hoch auf den Wagen, allseits gefürchtet, allseits belacht. Sein Standeszeichen: die Haushahnfeder am Hut. Krumme Feder – krumme Tour. Das Spitzelwesen hat krause Blüten getrieben. Alles ist ihm zugetragen worden, und nichts ist den Spionen entgangen. Das war ein Raunen und

Wispern, ein Tuscheln und Flüstern. Und alle großen und kleinen Sünden kommen an den Tag. Vom Schuß vor und nach dem Trieb, vom Verlassen des Standes bis zum verpönten „Hosenstauben", vom Beschießen des Spechtes und Nichtbeschießen des Hähers bis zur Todsünde – Durchziehen durch die Schützenlinie und vieles mehr. Streng, aber nicht verletzend waltet der Schnellrichter seines Amtes, mit viel jagdlichem Verstand und versöhnlichem Humor. Das ist ein Schmunzeln und Lachen, und jeder zahlt gerne seine Buße, vom Viertel bis zum Liter. Und bei jeder neuen Strafverfügung leuchten die Augen der Treiber auf, und bald darauf auch die Nasen. So ein Viertel ist milder Regen auf wunde Seelen.

Kurze Mittagsrast nach dem zweiten Trieb. Die Sonne steht hoch am Himmel. Es ist warm geworden. Der kalte Morgen ist vergessen. Vergessen auch Hunger und Strapazen. Jedweder lagert sich nach seinem Vergnügen und Ermessen. Würstel und Bier, raschelndes Jausenpapier und ein kräftiger Schluck Schnaps zum „Drüberstreuen". Und vor allem der Wein, ja der herrliche Wein dieser gesegneten Landschaft. Rubinrot oder golden, so funkelt er im Glase. Eine Familie ist die ganze Jagdgesellschaft geworden. Von weither sind alle zusammengekommen, von Liechtenstein bis Wien, von Oberösterreich bis Kärnten, die Obersteirer und die Ureinwohner nicht zu vergessen. Zufrieden lächelnd geht der Jagdherr von Tisch zu Tisch, hat für jeden ein freundliches Wort und eine treffende Antwort auf manchen kecken Zuruf. Fotoapparate schießen friedlich manche Beute. Die braven Vorstehhunde kommen auch nicht zu kurz bei der allgemeinen Atzung. Tiefatmend strecke ich die Glieder und lasse mir die Sonne auf den Pelz brennen. Herrgott, ist das Leben schön! Im allgemeinen, und das Jagen im besonderen.

Ein milder, wunderbarer Herbsttag ist zur Ruhe gegangen. Wir haben uns in vier großen Trieben ordentlich müde gelaufen. Die Flinten schweigen. Der Abend hat sich auf das liebliche Tal gesenkt und deckt mit seinen dunklen Schatten schützend alles Lebende. Wir aber stehen vor der Strecke des Tages und hören andächtig die Worte des Pfarrers zum Wildsegen. Jungjäger und

Aufsichtsjäger halten mit großen Fackeln Wacht, und der flackernde Schein der Flammen zaubert seltsam weiche Linien auch in das härteste Gesicht. Die Wangen der Mädchen glühen. Wir hören die Geschichte von St. Hubertus. Altvertraut, doch immer neu. Und wir hören aus des Priesters Munde die Mahnung, über der Lust am Jagen die große Verpflichtung allem Wild und Getier gegenüber nicht zu vergessen. Ich denke an meinen Jägerbrief, auf dem geschrieben steht, daß ich als steirischer Jäger in Eid und Pflicht genommen wurde. Im Schein der Fackeln finden sich die Hände. Und ein schlichtes „Waidmannsdank" aus übervollem Herzen ist mehr als viele Worte.

Letzter Trieb – Schüsseltrieb! Die gute Stube des großen Bauernhofes ist ausgeräumt. Der Dampf der Speisen mischt sich innig mit dem Qualm der Pfeifen unter der niederen Decke. Meine Augen tränen. Nicht vor Rührung. Auch der Tobak oder Pfeffer und Paprika sind nicht schuld. Ich lache Tränen vor Vergnügen über das heitere Spiel des Jagdtribunals, das über den armen Jagdherrn zu Gericht sitzt. Da fliegen die geistreichen Worte nur so hin und her, der Ball des Witzes und Humors springt von einem zum anderen, und dröhnendes Gelächter lohnt manch treffenden Einwand. Gastfreundlich sind wir alle geladen. Die Müdigkeit ist verflogen. Noch einmal wächst die ganze buntgewürfelte Gesellschaft zu einer großen Familie zusammen. Der Wein löst die Zunge, manches Jagderlebnis, aber auch manches freudige oder traurige persönliche Geschick teilt man sich mit. Man rückt zusammen. Nicht nur am Tische –, im Herzen ist man sich auch näher gekommen.

Da stehle ich mich leise hinaus in den Hof. Hoch über mir spannt sich das funkelnde Sternenzelt. Der lange, schöne Tag zieht noch einmal in Gedanken an mir vorüber. Welch ein Gegensatz zur einsamen Pirsch im Oberland! Ein Gegensatz? Oh, nein – nur anders! Ein zweites Bild des vielfältigen Jagderlebens. Auch hier echtes steirisches Brauchtum bei einem Jagdherrn von altem Schrot und Korn. Waidmannsdank!

Die beste Medizin

Nun fahre ich also doch wieder in die Oststeiermark auf eine Niederwildjagd. Ich hatte mir zwar geschworen, nie wieder eine Flinte in die Hand zu nehmen, aber die Familie meinte, es täte mir gut, mein elender körperlicher Zustand würde sich bessern, die Bewegung in frischer Luft würde Herz und Kreislauf beleben. Ich bin ja wirklich in einem erbarmungswürdigen Zustand: Herzflattern, hoher Blutdruck und Magenkrämpfe. Mein Befinden hat sich merkwürdigerweise vor drei Wochen rapide verschlechtert. Völlig grundlos. Ich war da auf einer Niederwildjagd, die angeblich so gesund sein soll. Also, mir war sterbensübel. Schon vor dem ersten Trieb – oder war es nachher, ich weiß das nicht mehr so genau. Jedenfalls hatte ich katastrophal geschossen. Kein Treffer! Natürlich muß man bedenken, daß ich schon auf die Siebzig gehe, da kann man das schon verstehen. Aber geärgert hat mich mein Geiz. Mit den billigen „red and black"-Patronen kann man ja nicht treffen. Ich hatte auch viel zu weit geschossen. Mindestens 70 Schritt oder 60. Die Nachbarschützen meinten zwar, die Fasane wären nur 40 Gänge entfernt gewesen, aber was kann so ein junger Fant schon Entfernungen schätzen. Meine Brille ist wohl auch nichts wert. Ich war auch ganz falsch angezogen, viel zu warm für die Witterung. Deshalb hatte ich auch beim zweiten und dritten Trieb nur Luftlöcher fabriziert, obwohl die freigegebenen Hennen bukettweise aufgestanden waren. Wenn man so ausgestopft ist, hemmt das die Bewegung beim Auffahren und man bleibt mit dem Schaft hängen. Anscheinend ist auch das Gewehr schon zu schwer für mich. Warum habe ich auch vor Jahren meine 16er gegen eine 12er ausgetauscht? Bin schon zu schwach für dieses Gewicht.

Keinen Bissen hatte ich bei der Mittagsrast hinuntergebracht, denn plötzlich stellten sich Magenkrämpfe ein. Auch das noch! Dazu kam auch noch das schlechte Gewissen. Der strenge Jagdherr hatte uns ermahnt, auf keinen Fall den Stand zu verlassen, da kenne er kein Pardon. Ich aber war beim letzten Trieb etwa 10 Schritt mit den Treibern mitgezogen. Meine Verfassung war am Tiefpunkt. Da ich am Nachmittag zusammengekrampft auf meinem Sitzstock saß, hatte ich wohl auch die Schnepfe, die dicht an meinem Stand vorüberstrich, übersehen. Nach der Heimfahrt in elendem Zustand erhöhte ich die Dosis meiner Medikamente. Also β-Blocker, dann zwei Blutdruckmittel, weiters eines gegen die Gicht, ein Sedativum dazu, und natürlich verdoppelte ich die rhythmussteuernden Kapseln. Nicht zu vergessen Magnesium und Kalium, auch das ist wichtig.

So, und nun bin ich doch wieder unterwegs. Viel besser geht es mir zwar nicht. Der Schnee in der Obersteiermark hebt auch nicht gerade die Stimmung. Wahrscheinlich ist der Jagdtag unten total verregnet.

Aber zu meinem Erstaunen scheint die Sonne im Unterland. Fröhliche Jäger empfangen mich – wie schnell doch ein Jahr vergeht. Beim ersten Trieb wenig Anlauf – Hennen sind geschont – ein Hahn! Ich schieße einmal – daneben! Geht das schon wieder los. Der zweite Trieb entlang eines gewundenen Bachlaufes mit dichtem Unterholz und lichtem Bestand. Ein windzerzauster Turmfasan kommt von weit oben, wird immer schneller, ich ziehe mit – voll getroffen stürzt er zur Erde. Was, ich habe getroffen? Trotz meines Alters? Na ja, bis siebzig sind es noch gut zwei Jahre. So ein weiter Schuß!

Ein Eichelhäher kurvt pfeilschnell durch den Bestand. Ich werfe den Schuß hin – er fällt! Er fällt? Die Brille scheint die schlechteste nicht zu sein. Und wie satt sich der Schaft an die Schulter schmiegte. Ein zweites Tschackerl schlüpft durch die Bäume, sieht mich, dreht blitzschnell ab. Vergeblich, mein Schuß holt es vom Himmel. Das gute 12er-Kaliber, wie leicht liegt doch die elegante Flinte in der Hand. Und beim dritten Trieb schieße ich noch ganz locker einen Hahn.

Die Bratwürstel bei der Mittagsrast schmecken ganz vorzüglich, das Sauerkraut ist delikat. Ich esse zwei Portionen, trinke ein Bier – und ein Viertel Wein.

Als wir zum ersten Nachmittagstrieb aufbrechen, glüht hoch am blaßblauen Himmel, fast als Vollkreis, ein leuchtender Regenbogen. Aber von Regen weit und breit keine Spur. Und da merke ich, daß der bunte Bogen nicht, wie üblich, von der Sonne abgekehrt steht, sondern gegen die Sonne, in die Eiskristalluft hingezaubert. Wir machen uns gegenseitig auf das nie geschaute Naturwunder aufmerksam, halten ein und starren ergriffen zum Firmament. Mein Gott, ist das Leben schön!

Plötzlich fällt mir siedendheiß ein – ich habe zu Mittag vergessen, meine Pulverln zu schlucken. Ach was – Medikamente? Mir fehlt überhaupt nichts!

Wem kheat denn dea schwoaze Hound?

Also, ich habe wieder einen Hund!

Und das schon seit eineinhalb Jahren. Eigentlich wollte ich mir nie und nimmermehr einen Hund zulegen, seitdem wir unseren braven Sascha erlösen mußten von arger Pein. Aber eines schönen Tages lag ein zitterndes Häuflein Elend im Hundekorb, und mein Sohn Ernst stand lächelnd davor. Ich beugte mich herab und streckte dem Winzling vorsichtig meine Hand entgegen. Erst machte sich das Hündlein noch kleiner, dann schnupperte es an meinen Fingern und schließlich ließ es sanft sein Zünglein – nur einmal – über diese gleiten. Da war es um mich geschehen.

Der „Hund", so nannten wir ihn zuerst, war ein Fräulein und kohlrabenschwarz. Nein, doch nicht. Er, pardon, sie hatte einen weißen Brustfleck und weiße Socken an allen vier Läufen. Nicht gleich lang, so, als ob eines oder das andere Strümpflein heruntergerutscht wäre beim Laufen.

Wie sollten wir sie nennen? Ein anderer schwarzer Hund in der Nachbarschaft hieß „Nero", also schied „Nera" aus. Nun wohl, ein anderes Wort für schwarz ist „Mora", und dabei blieb es. Da sie so klein und hilflos war, bot sich als Kosewort „Morli" an. Mora ist zum scharfen Zurechtweisungswort geworden, das selten genug angewandt werden muß.

Ja nun, aber welcher Rasse ist Morli zuzurechnen? Um es gleich zu sagen, sie ist ein reinrassiger – Mischling. Aber sie entwickelte sich zu einem so entzückenden Edelfräulein, trug die lange Rute so vornehm tief, daß ich eines Tages die gelehrten

Hundebücher, die mir vom Schwiegervater überkommen waren, zu Rate zog. Ich ging so vor, wie ehedem als armer Student beim Essen im Gasthaus. Damals fuhr ich mit dem Finger die Preise auf der Speisekarte herunter, und beim billigsten sah ich links nach, wie das Gericht wohl hieß. Das bestellte ich dann. Meistens war dies „Leberkäse" oder „Gebackener Emmentaler". So ähnlich verfuhr ich nun bei den beiden dicken Wälzern. Ich sah mir die Fotos der Hunderassen an, und wenn eines so einigermaßen passend für Morli erschien, sah ich oben beim Titel nach, wie diese Rasse hieß. Im Buch für Jagdhunde war nichts Brauchbares zu finden, aber im anderen, Band II, jenem für „Luxus-Hunde", auf Seite 120, da stockte mein Atem. Da sah mir auf dem Foto unsere Morli, wie sie leibt und lebt, entgegen. Und oben las ich: „Dobermann-Pinscher"!

Also doch reinrassig oder besser gesagt, sie hat „zurückgemendelt". Später, als sie ausgewachsen war, habe ich die angegebenen Maße aus dem gescheiten Buch nachgeprüft. Es stimmte alles.

Mora abzuführen, war problemlos. Ich sprach und spreche noch heute in ganzen Sätzen zu ihr. Sie versteht jedes Wort oder erkennt den Sinnzusammenhang. Sie geht frei bei Fuß, sehr zum Mißvergnügen der Polizei. Wenn ich angehalten werde, Mora an die Leine zu nehmen, braucht es immer eine Weile, die Ordnungshüter zu überzeugen, daß durch das Freilaufen vermieden wird, daß sie sich auf der Straße löst. Denn Mora geht immer nur auf ein Wiesenstück „äußerln". Wenn Morli einmal zu weit vorausläuft, genügt ein kleiner Pfiff, und schon reißt es sie herum.

Heute habe ich sie zum ersten Male auf eine Niederwildjagd in die Oststeiermark mitgenommen. Daß sie eine gute Nase hat und gerne stöbert, das merkte ich wohl bald. So wollte ich erfahren, wie sie sich auf der Jagd verhält.

Als ich beim Treffpunkt ankomme, sind schon viele Waidmänner mit ihren Hunden zugegen. Das gibt vor lauter Jagdlust und Nervosität ein Gewinsel und Gekläff, manchmal auch eine kurze Rauferei, so daß ich mich entschließe, Mora erst einmal im Auto zu lassen. Aber als mir mein Stand für den ersten Trieb zu-

gewiesen wird, hole ich Morli. Ich bin einer der letzten, kenne das Revier, weiß wohin, hab's nicht weit, und so fallen wir beide nicht auf.

Der Trieb wird angeblasen. Bald fallen die ersten Schüsse und die ersten Fasanhahnen. Denn nur diese sind frei. Mora verfolgt aufmerksam, ohne sonderliche Erregung, was da vorgeht. Die Rufe der Treiber kommen näher, die Schüsse werden lauter. Mora steht frei bei mir und beobachtet vor allem das Gehaben der suchenden Hunde, wie sie stöbern und gefallenes Wild bringen – oder auch nicht.

Das Geschrei und Gepfeife der Hundeführer, die ihre oft unbotmäßigen Gefährten zu dirigieren versuchen, irritiert sie. Da kommt ein Hund, keine zehn Schritt entfernt aus dem Gehölz, mit einem Fasan im Fang. Er denkt gar nicht daran, den Hahn zu bringen, läßt ihn fallen und läuft weiter. Das ist die Gelegenheit! „Mora, bring schön." Und schon ist sie beim Wild, nimmt den Fasan auf – läßt ihn gleich darauf wieder fallen. Natürlich, sie hat nur nachgemacht, was sie eben sah.

Just in diesem Augenblick kommt der Jagdleiter vorbei – erstarrt, als er Mora erblickt, dann schaut er rundum und ruft: „Wem kheat denn dea schwoaze Hound?" Ein schwarzer Hund! Undenkbar für eine Niederwildjagd. Da gibt es Deutsch-Kurz-, Lang- und Rauhhaar, Münsterländer, Spaniel und, und, und, aber alle sind braun oder gescheckt, aber niemals schwarz. Nun ja, auf der Jagd nach Schalenwild da führt man auch die Brandlbrake – hatte selbst den geliebten „Greif" –, aber bei der Niederwildjagd …?

Kleinlaut melde ich mich: „Ich bin der Hundeführer."

„Den vawoans bessa", faucht mich der Jagdleiter an, nachdem er sich von seinem Schock erholt hat. Und mit Geringschätzung fügt er hinzu: „Is nou zjunk, na – is übahaups koa Jokthound net!" Dann stapft er weiter.

Die folgenden Triebe beobachtet Mora angeleint, die suchenden Hunde, das Finden und Apportieren.

Szenenwechsel. Ich bin an der unteren Stirnseite eines großen, stehengelassenen Maisfeldes, das sich über einen Hügelkamm erstreckt, angestellt. Mora frei neben mir. Sie hat sich bisher mustergültig verhalten.

Der Trieb kommt langsam bergauf, ist noch zweihundert Schritt entfernt. Kein Schuß fällt, kein Wild steht auf. Aha, denkt Mora, dann muß es wohl bei uns heroben in der Sonne sein. Und schon ist sie dahin – hinein in den „Woazocker". Die Fasane steigen bukettweise auf. In Null Komma nichts hat Mora das ganze Feld ausgeleert. Ein paar Schüsse fallen, die Jäger an den Längsseiten wurden überrascht. Die Hahnen sind in allen Richtungen dahin. Jene, die ins Tal abstreichen, werden zum Teil von den Schützen dort unten erlegt.

Als der Trieb heraufkommt, liegt Mora angeleint neben mir. Sie hechelt ein wenig. Das muß an der starken Sonneneinstrahlung liegen. Ich versuche, so unbeteiligt wie nur möglich dreinzuschauen. Die Treiber stapfen mit finsterer Miene an uns vorbei und in den Kukuruz hinein. Soviel sie auch an die dürren Maisstengel schlagen, kein Fasan steht mehr auf. Kunststück! Das hat meine liebe Morli schon besorgt.

Der letzte Trieb. Diesmal sind auch Hennen frei. Ich stehe an der Flanke eines Wiesenecks und beobachte, wie eine Henne an der anderen Flanke beschossen wird und geflügelt in den Wald, genau ins Wieseneck, fällt. Die darf nicht leiden, denke ich mir und schnalle Mora, die den Fall auch genau verfolgt hat.

„Bring schön, zeig, was du heute gelernt hast."

Was soll ich Euch sagen?

Mora läuft ins Wieseneck, in den Wald hinein, findet die Henne, stößt sie auf die Wiese heraus, fängt sie, die im Zick-Zack versucht zu entkommen, ab, nimmt sie auf, bringt sie und legt sie mir zu Füßen. So als ob Morli ihr Lebtag nichts anderes getan hätte, als auf Niederwild zu jagen.

Da kommt der Jagdleiter auf mich zu. Ich erwarte wieder eine Abreibung. Aber dieser schenkt Mora einen schrägen, abschätzenden Blick und sagt: „Is dou net goa sou schlecht, dea schwoaze Hound."

Wie's nicht sein soll

Dieses Kapitel wird geschrieben zur Ehre all jener braven, bescheidenen Pirschführer, die nicht viel Aufhebens machen von ihrem oft schweren, undankbaren Amt, die jahrein, jahraus Jagdgäste zu führen und zu Schuß zu bringen haben, Gäste unterschiedlichsten Charakters und Herkommens, auf ein Wild, das ihnen seit Jahren bekannt und ans Herz gewachsen ist und oft ohne innere Beziehung des Schützen zum Revier und seinen Bewohnern erlegt wird. Geschrieben für jene Berufs- und Aufsichtsjäger, die Trophäen dahinziehen sehen, an deren eigene Erbeutung sie in einem langen Jägerleben auch nicht einmal im Traume denken können, weil so mancher Jagdherr ihnen dies nicht zubilligt.

Ich habe bei Jagdeinladungen, die zwar nicht gerade dicht gesät sind, fast ausschließlich diesen kernigen, geraden, ruhigen Typ des alpenländischen Pirschführers kennen und achten gelernt. Aber die Ausnahme bestätigt die Regel.

Es war vor vielen, vielen Jahren. Ich war auf einen II b, soll sein auch I b-Hirsch, geladen. Zugegeben, der Jäger mußte auf mich warten. Eine länger dauernde, dienstliche Besprechung ließ mich erst arg verspätet am vereinbarten Ort eintreffen. Der Grant des Pirschführers, obwohl telefonisch verständigt, war gewaltig. „Jetzt kommen S' daher! Also gemma." Nach längerer Fahrt und kurzem Aufstieg erreichten wir die Almhütte. Zur Abendpirsch war es schon zu spät. Über eine Außenstiege ging's in das praktisch ausgebaute, aber kühle Dachgeschoß. Der Jäger wies mich ein – und verschwand wortlos. Ich machte es mir bequem und lauschte auf die bereits in Gang kommende Brunft. Nach einer Weile machte ich mir Gedanken über den Verbleib meines Pirschführers, stieg die Treppe hinab und tappte bei der Tür im Erdgeschoß hinein. Da saß mein Guter in der warmen Stube bei der Sennerin, hielt sein Plauscherl und verzehrte eine kernige Bergkost. Es war ihm gar nicht eingefallen, mich auch in die Stube zu bitten. Dort erzählte er mir rasch noch ein paar Unfreundlichkeiten über meinen längst verstorbenen Vater, mit dem er vor Jahrzehnten gejagt hatte.

Am nächsten Morgen stiegen wir ins Revier auf, der Jäger voraus – ein inzwischen eingetroffener Jagdeleve hinterdrein. Sooft es unter meinem Tritt ein wenig knackste, drehte sich der Jäger um – verzog den Mund und durchbohrte mich mit finsterem Blick.

Er selbst aber polterte recht unbekümmert durch die Gegend. Der Weg führte aus dem Hochwald in niedriges Holz hinaus. Plötzlich erstarrte mein Vordermann und zischelte „Schiaßn S' – schiaßn S'." Da ich hinter ihm stand, konnte ich zunächst nichts sehen – also Gewehr herunter, vorgepirscht und entsichert. Da wackelte es 20 Meter vor uns in dem dichten Bestand, und für kurze Zeit wurde das mächtige Geweih eines Kronenhirsches sichtbar. Der Jäger schlug mir das ohnehin nicht im Anschlag befindliche Gewehr zur Seite und rief: „Net schießn!" Ich war reichlich perplex.

Dann veranstaltete mein Guter eine Minitreibjagd. Seinen Jagdeleven schickte er mit einem Spezialauftrag los, und mich legte er kreuzhohl in eine flache Mulde und sagte: „Dort kommt der Hirsch." Er kam tatsächlich, im scharfen Troll – ein richtiger, langendiger Bergachter, aber zehn Schritt zu weit rechts. Ich hatte in meiner Zwangsstellung keine Chance und ballerte daneben. Beim Aufsetzen und Repetieren brach, ich weiß nicht wie, der zweite Schuß. Na, da hätten Sie den Jäger hören sollen. Dann stellte er mich auf einen weiteren Zwangswechsel unter einer Felswand und sagte: „Do kommt der Hirsch." Diesmal aber kam er eben nicht. Mißmutig ging's zur Almhütte zurück. Der Weg führte durch ein Latschenfeld – auf einmal steindelte es hinter uns. Wir drehten uns zurück, da zogen drei Hirscherl schräg ober uns aus den Latschen heraus. Schnell angesprochen – II a allesamt. Der Jäger sagte: „Schiaßn S'." Ich meinte: „Sind doch

II a." Er sagt: „Macht nix – schiaßn S'." (Nach den jetzigen Richt-linien hätte er recht gehabt.) Ich darauf: „Auf welchen denn?" Er brummte: „Is wurscht." Ich, total verwirrt, vergaß fast den Hop-pel zu ziehen und knallte auf den mir am besten stehenden Hirsch. Man möge mir weitere, ausführliche Details ersparen. Daß ich auf den verdeckt ziehenden, kranken Hirsch nochmals schießen mußte, daß ich nicht aufsteigen sollte zum Anschuß, daß ich in Bangen eine halbe Stunde wartete, weil der verein-barte Juchzer, sollte der Hirsch liegen, nicht ertönte und daß ich mich für den Pirschführer schämte, weil er seinen Eleven vor mir anschrie, nur weil dieser den Aufbruch nicht so verwahrte, wie er es eben gerne gehabt hätte. Ein bisserl arg wurde es noch, als ich vor der Almhütte den gestreckten Hirsch waidgerecht ver-blasen wollte – mit „Hirsch tot", „Halali" und „Jagd vorbei".

„Na – na, bei mir wird net blasn", greinte er, „des beunruhigt des Revier. Wann S' wolln, können S' in der Stubn trompeten bei der Sennerin." Na, dann halt nicht. Aber das Trinkgeld nahm er wohl. Ich bat den Pirschführer noch zu einem Foto – den Spaß konnte ich mir doch nicht verkneifen. Und wenn ich es mir nach Jahren anschaue, wie er da grantig sitzt und das abgeschlagene Haupt des II a-Hirschen hält, dann erinnere ich mich – wie's nicht sein soll.

Der Tag, als der Regen kam...

Jetzt ist wieder alles in Ordnung. Man sieht nicht mehr allzuviel. Höchstens die frischen Schnittflächen der Baumstöcke. Lange haben die Holzknechte gebraucht, um alles aufzuarbeiten. Jetzt ist wieder alles in Ordnung und friedlich. Lichter ist es geworden im Wintergraben. Und wie ich so bedächtig durch den Wald gehe – stehenbleibe und schaue, da überfällt mich mit einem Mal die Erinnerung an den Tag, als der Regen kam. Überfällt mich ... aber ich muß der Reihe nach erzählen.

Es war Herbst, ein goldener, klarer, stiller Herbst. Eine Zeit der Einkehr und der Reife. Die Beeren der Eberesche prangten im schönsten Rot, das Futter auf den Schlägen stand hoch und gilbte. Kaum den Träger, das Haupt und die guten Krucken sah man von dem braven Labbock, den ich schon Jahre kannte, und der sich vor der Brunft gerne abstellte auf jenen einsamen Schlag im Hollerschachten.

Ich wollte ihn gerne wieder beobachten, vielleicht auch erlegen, und fuhr am frühen Nachmittag hinaus ins Revier. Bei der alten Jagdhütte im Wintergraben wendete ich und rollte ein Stückchen talaus zurück, stellte den Wagen ab und öffnete die Tür. Mein braver Sascha, mein roter Rüde, der sonst das Aussteigen kaum erwarten konnte, benahm sich ganz seltsam. Unter dem rechten Vordersitz saß er zusammengekauert und sah mich aus seinen großen Hundeaugen an, traurig und ängstlich. Ich lockte ihn – vergeblich. Ärgerlich leinte ich ihn an und zerrte ihn aus dem Wagen.

„Dummer Hund", schalt ich ihn, „was hast denn?" Ach, wir Menschen, was wissen, was ahnen wir schon!

Der Weg zum Bodensitz unten am großen Hollerschachtenschlag war nicht weit. Hundert Meter schräg den Mittelrücken hinauf und dann gleich zehn Schritte am Gegenhang hinunter. Ein herrlicher Blick den ganzen steilen Schlag gegenüber hinauf. Das wird ein „zacher" Schuß, wenn der Gams oben kommt …, wenn ich überhaupt heute schieße …, so sinnierte ich. Rasch hatte ich es mir bequem gemacht: den Hund hinter mir am Wetterfleck abgelegt, das Spektiv gerichtet, das Gewehr sicher verstaut. Ich lehnte mich genießerisch zurück und spürte jenes Gefühl aufkommen, das nur naturverbundene Menschen haben können.

Diese langsame Entspannung, dieses allmähliche Gelöstsein, leicht und ruhig werden und beim Schauen und Hören verschmelzen mit der Umgebung, eins werden mit der Natur.

Es war heiß, zu heiß für die Jahreszeit, auch feucht und schwül. Langsam perlten die ersten Schweißtropfen auf der Stirne. Kein Hauch bewegte sich. Die Luft stand wie eine Mauer.

Mein Hund bemerkte als erster die Veränderung. Er wurde plötzlich hoch und saß steif aufrecht, den Fang gestreckt, und starrte geradeaus. Auch mich überkam eine seltsame Spannung. Wie soll ich es beschreiben – es baute sich vor mir eine gläserne Wand auf. Alles erschien mir seltsam entrückt. Die Welt hielt den Atem an.

Klirrend zersplitterte die Glaswand in tausend Scherben. Es ging alles in Sekundenschnelle. Erst ein Lufthauch – nein –, ein Erzittern der Bäume, Sträucher und Gräser, dann traf uns der Sturm mit voller Wucht. Und schon stürzten die ersten Bäume, übertönten mit ihrem Bersten das Heulen des Orkans.

Ich raffte hastig mein Jagdzeug zusammen und stürzte in panischer Angst davon. Ich schäme mich nicht dieses Gefühls, ich konnte mich seiner nicht erwehren. Mein Hund war schon über alle Berge. Ringsum fielen Fichten und Föhren krachend zu Boden. Ich lief um mein Leben. Schlüpfte unter eben gefallene Riesen – verharrte, lauschte und sprang zum nächsten gestürzten Baum. Für Sekunden geborgen unter dem Dach der mächtigen Äste, die verhinderten, daß der Stamm ganz zu Boden gedrückt wurde. Warum ich nicht blieb, weiß ich nicht – ich hastete weiter. Die hundert Meter zu meinem Wagen erschienen mir wie

eine Ewigkeit. Und doch war erst nicht viel mehr als eine Minute vergangen.

Wie der Sturmstoß gekommen war, so ging er wieder. Plötzlich war der Spuk vorbei. Wohl blies es noch mächtig, und die Bäume bogen sich ächzend – fielen aber nicht mehr. Wie ich zu meinem Auto kam, weiß ich nicht mehr. Es war unversehrt – mein Sascha war auch schon da.

Und jetzt erst setzte der Regen ein. Ganze Wasserwände trieb der Wind daher, und sie durchnäßten mich in Sekundenschnelle.

Als ich aufatmend im Wagen saß, ordneten sich meine Gedanken, und ich faßte mich. Vorsichtig fuhr ich talaus. Wohl waren einige Bäume über den Weg gestürzt, doch war die Böschung am rechten Berghang so hoch, daß der Wagen zwar an den Ästen streifte, aber doch drunter durchkam.

Als ich wenig später im Tal auf der Asphaltstraße heimwärts rollte, prasselte wohl noch der Regen an die Windschutzscheibe. Aber dieses Geräusch und das gleichmäßige Schnurren des Scheibenwischers war Musik in meinen Ohren. Was hinter mir lag – war so fern, so unwirklich. Und es regnete viele Tage.

Ich hebe den Blick. Bin wohl meinen Gedanken nachgehangen. Ich sehe die Schneise, die der Sturm damals geschlagen hat, und all die anderen lichten Stellen im Wald. Jetzt ist wieder alles in Ordnung und friedlich. Ich gehe weiter und denke an den Tag, als der Regen kam...

Wenn die Flinten schweigen

Der letzte Schuß ist verhallt. Dann stapfen wir über die umgepflügte, die gute, schwere oststeirische Erde, müde und zufrieden dem Z'sammverlaß, dem Platz der Streckenlegung zu. Die gespannte Aufmerksamkeit am Stand ist einem gelösten Nachsinnen gewichen. Der traumhaft schöne, sonnendurchströmte Jagdtag zieht vor dem inneren Auge vorbei – die guten Schüsse freuen einen, und die schlechten Luftlochbohrer wurmen noch immer. Aber nur ein bissel. Was wäre, wenn jeder Schuß ein Treffer wäre. Auf alle Fälle aber war jeder Schuß ein Kracher.

Im Spätherbst kommt auf leisen, aber schnellen Sohlen die Nacht. Hatte schon der Schlußtrieb bis zum abnehmenden Licht gedauert, wo das Ansprechen von Hahn und Henne schon erschwert wurde, so sinkt nun die Dämmerung rasch hernieder. Beim Eintreffen am Platz der Streckenlegung ist es schon völlig dunkel. Aber ein funkensprühendes Feuer aus aufgestellten langen Scheitern wetteifert mit dem milden Licht des Mondes und der Sterne.

Die Strecke ist rasch gelegt. Da bringt noch ein Schütze einen Hasen, ein anderer Nachzügler einen Hahn, der mit dem Hund erst nachgesucht werden mußte. Wir stehen erwartungsvoll hinter der Strecke, vor ihr der Jagdherr, zur Rechten die vielen Treiber mit brennenden Fackeln in den Händen, zur Linken die Parforce- und Plesshornbläser und eine kleine Gruppe, deren Zweck uns zunächst nicht ganz klar ist. Die Strecke wird gemeldet – erstaunlich gut, trotz nassem Frühjahr – und nach altem Brauch verblasen. Auch ein Fuchs ist gefallen, und das schwierige hohe und schnelle Signal „Fuchs tot" hallt aus vielen Hörnern in die Nacht. Armer Reineke, dir geht es jetzt hart an den Kragen, wenn die Tollwut erst weiter fortschreitet.

Plötzlich erklingen Stimmen, erst zaghaft, dann kräftiger, ein Lied steigt zum Himmel auf. Die Gruppe, deren Bestimmung wir nicht erkannt hatten, sind Sänger, und ein verhaltenes Jägerlied läßt eine ganz neue, bei Streckenlegungen bisher ungewohnte, aber innige Stimmung aufkommen. Und als sich in das Lied eine einzelne helle Trompete einfügt, einmal als Untermalung, ein andermal als Solo – da ist der Bann endgültig gebrochen.

Das Herz wird weit, Frieden zieht in die Seele ein, und die Gewißheit, daß unsere geliebte Jagd, von mancher Seite mit viel Unverstand bekämpft, ununterdrückbar ist und unverlierbar im Volk wurzelt. Ist es nur der Rauch des Feuers, den der Nachtwind über die Strecke zu uns Jägern hertreibt, daß man ein wenig blinzeln, die Augen reiben und die Nase schneuzen muß?

Das Lied ist verklungen, die Trompete verhallt, die Dankesrede, die meine Gedanken in Worte faßt, gesprochen. Nun soll die Fröhlichkeit des Schüsseltriebes zu ihrem Recht kommen. Aber die Stimmung der Streckenlegung klingt noch lange in uns nach. St. Hubertus, steh uns bei in unserem heißen Bemühen um unsere wunderbare Jagd!

Der Pinkelhirsch

Aus den Vereinigten Staaten kam er, der gute alte Freund, um Urlaub zu machen, die alte Heimat zu besuchen, alte Beziehungen zu pflegen und neue – diesmal geschäftliche – Kontakte zu finden. So hatte er auch mich aufgesucht, und ich freute mich sehr über sein Kommen.

Verbanden uns doch auch waidmännische Interessen. Ich hoffte, von ihm viel über seine Jagderlebnisse in der Neuen Welt zu hören – wurde aber bald enttäuscht. Die harten Jahre des Fußfassens in neuer, fremdländischer Umgebung, der geschäftliche Aufstieg hatten ihn festgenagelt. – Business, das ist ein Full-time-Job und läßt für Familie und Freizeit wenig Raum. So war er kaum zum Jagen gekommen in all den Jahren. Von einem Deer in den Staaten und einem Schwarzbären in Kanada konnte er erzählen. Um so mehr war er interessiert, von meinen Erlebnissen zu hören, und ich erzählte ihm gerne von den aufregenden Tagen in Südwestafrika und vieles mehr. Darüber ging der halbe Nachmittag hin und man konnte in meiner Veranda durch den Rauch seiner vielen Zigaretten nur noch undeutlich die Konturen von Weingläsern und einigen – leeren – Flaschen erkennen.

Schließlich meinte er: „Nun zeig einmal her, was du erlegt hast, und red nicht immer davon." Und so besichtigten wir die afrikanischen Antilopen im Vorhaus, dann die mir liebsten Trophäen im „letzten" Zimmer, meinem holzgetäfelten und mit Wilddecken ausgelegten Refugium, und schließlich das Treppenhaus, in dem, sehr zum Leidwesen der abstaubenden Weiblichkeiten, mehrere Krucken, Krickel und einige wenige Hirschgeweihe hängen, garniert mit ausgestopftem Flugwild. Ein

Rabe, der ins Eisen ging, ist dabei, ein großes Wiesel und andere Staub- und Mottenfänger mehr. Die starken Karwendelgams interessierten meinen US-Bürger, der weinselig ein wenig den amerikanischen Akzent angenommen hatte, besonders, aber auch Reh und Hirsch fanden seine Aufmerksamkeit. Und so erzählte ich mit kurzen Worten bei jeder Trophäe die Besonderheiten dieser Pirschgänge. „Das ist der Gelsenbock, in der Nähe eines Hochmoores auf 1200 Meter erlegt. Dort plagten mich die Mücken mehr als in Afrika oder in der Südsee."

„Das ist der Gewitterbock, bei dessen Erlegung im strömenden Regen Schuß und Donnerschlag zusammenfielen. Und auf den Hirsch hier bin ich x-mal gegangen und habe ihn erst im folgenden Jahr erlegt. Das ist der – Pinkelhirsch." „Wie bitte?" Mein Freund sah mich verblüfft an. Ich mußte lachen. „Ja, ich nenne ihn so. Aber das ist eine längere Geschichte. Komm, ich erzähle sie dir. Aber nicht hier im Treppenhaus, sondern unten im Kammerl." Und wir stiegen hinab in den Keller, woselbst sich ein gar heimeliges Trinkstüberl befindet. Mein Freund schüttelte noch immer den Kopf und brummelte ungläubig: „Pinkelhirsch!?" „Also laß dir erzählen", hub ich an. „Wie ich dir berichtete, ist der Hochwildbestand in meinem Revier ständig zurückgegangen. Seitdem wir nicht mehr füttern, ist das ein reines Wechselwild und durch die intensive Bejagung rundum überhaupt weniger geworden. Die Schälschäden haben die Jägerschaft gezwungen, tiefer in den Bestand einzugreifen, und jetzt sind wir nur mehr eine ‚verdünnte Zone'. Gegen das vertrackte Schälen müßte man was erfinden, da könnte man wieder Rotwild die Menge haben und Millionär obendrein werden." „Zur Sache, zur Sache", unterbrach mich mein Freund, „schweife nicht ab, was ist mit deinem Hirsch?" „Gemach" – antwortete ich, „bin ja schon mitten dabei. Da ich also im eigenen Revier gegenüber früher bei weitem nicht so viel Hochwildanblick habe und mit dem vorgeschriebenen Abschuß oft nicht zurechtkomme, weil einfach nichts da ist – muß man sich eben anderweitig umsehen und versuchen, eine Jagdeinladung zu ergattern von Jagdherren, die große Reviere haben, Wintergatter, viel füttern können und dürfen und also auch in freier Wildbahn viel Hirsche als

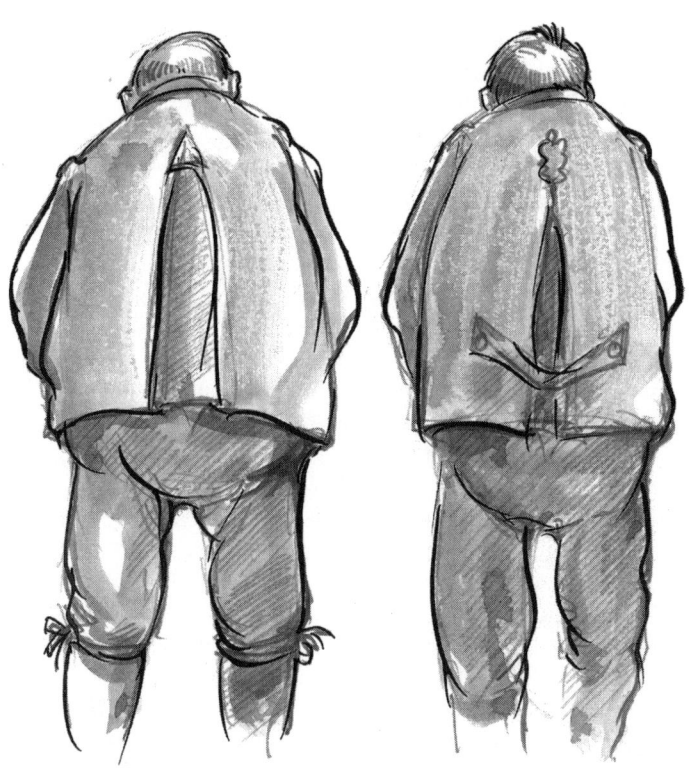

Standwild ihr eigen nennen." „Das ist aber nicht so einfach, eingeladen zu werden, ohne zig-tausend Schilling hinzublättern", meinte mein Trinkkumpan. „Eben, und deshalb muß man einen günstigen Zeitpunkt abwarten, um das Gespräch auf Wild im allgemeinen und eine Hirscheinladung im besonderen zu bringen. Was ist da besser geeignet als eine gelockerte Atmosphäre und Weinseligkeit, so wie jetzt?" Und ich hob mein Glas, um meinem Gegenüber im Sumpfkammerl, das schon wieder voller Rauchschwaden war, zuzuprosten. „Also", fuhr ich fort, „legte ich mir einen Plan zurecht. Bei Jubilarehrungen verdienter langjähriger Mitarbeiter geht es immer hoch her – die großen Tiere, die Reviere haben oder sie verwalten, kommen, werden untertänigst begrüßt, sonnen sich im Glanze ihrer Macht, essen gut, trinken ein bisserl oder auch ein bisserl mehr, die Stimmung hebt sich, und da mußt du dir einen aufs Korn nehmen. Auf ihn zusteuern und schauen, ganz beiläufig das Gespräch auf die Jagd lenken, ihm zu seinen Erlegungen ein kräftiges Waidmannsheil wünschen, natürlich drauf anstoßen, unauffällig nachschenken und seufzen – daß dir das alles leider nicht beschieden sein kann, denn du hättest in deinem kleinen Revier keinen Hirschen mehr, und dabei einerseits traurig-treuherzig, andererseits kernig-jagerisch dreinschaun." Mein Freund bog sich vor Lachen. „Na, und hast du es so gemacht?" „Keine Rede", antwortete ich. „So wollte ich es machen – aber es kam ganz anders. In dem Augenblick, als ich zielbewußt auf mein Opfer zusteuerte, um mich auf den eben neben ihm freigewordenen Sessel zu setzen, erhob er sich und kam gar nicht auf mich zu, sondern wollte an mir vorbei. Aus! – schoß es mir durch den Kopf. Kurz entschlossen vertrat ich dem hohen Herrn den Weg. Er war erstaunt, lächelte aber immer noch selig. Für Umschweife war keine Zeit mehr. Da begann ich –‚Herr Generaldirektor, ich habe eine große Bitte'… gottlob, er lächelte noch immer, da fuhr ich rasch fort: ‚Ich habe ein Jubiläum an Jahren und Dienstzeit'… ‚Ich weiß, ich weiß', unterbrach mich mein Gegenüber. ‚Komm mit, ich muß dringend hinaus', und so folgte ich ihm durch einen langen Gang und redete auf ihn ein: ‚Und bei solchen Anlässen war es früher immer üblich, daß man einen Wunsch frei hat.' Inzwischen waren wir am Ziel seiner Bedürfnisse angelangt und standen nebeneinander, obwohl ich gar nicht konnte und mußte. ‚Also was willst?!', fragte mein Gönner und blinzelte herüber. ‚Einen Hirsch bitte', entfuhr es mir. Jetzt war es heraußen. Einen Augenblick stutzte der hohe Herr. Dann sagte er nur ‚bewilligt' und ließ der Natur ihren freien Lauf."

Mein Freund aus den Staaten hatte mit wachsendem Vergnügen meiner Erzählung gelauscht und schlug sich nun lachend auf die Knie: „Bravo, gut gemacht und Waidmannsheil."

Und an diesem Abend haben wir meinen Pinkelhirsch erst richtig tot getrunken.

Der Schuß vor den Bug

Also, das ist doch wirklich ärgerlich. Da läuft man ein Leben lang durch die Gegend – auf Niederwildjagden nämlich –, und da hat man im eigenen Revier im Sommergraben auch so was wie einen Schnepfenstrich, und glaubst du, ich hätte schon einen Schnepf erlegt? Keine Rede. Ein einziges Mal kam ich auf das Langgesicht zu Schuß, aber ... natürlich, da ist immer ein Wenn und Aber. Daß es nicht viele Schnepfen gibt, daß es schwer ist, sie im Taumelflug zu treffen, daß man nicht so oft auf Niederwild eingeladen wird und so weiter ... Aber ärgerlich ist es doch. Warum habe gerade ich keinen Schnepf, dieses begehrte Wild, warum keinen Bart und die zwei Malerfedern am Hut? Und rechts und links von mir nichts als Jägerhüte, wohin ich schaue beim Anstellen zum nächsten Trieb, vor mir, hinter mir – lauter Jägerhüte mit diesen Trophäen drauf und zufriedenen Gesichtern drunter. Und grad beim letzten Treiben, da sind doch dem Nachbarschützen, der ohnehin schon genug Schnepfen in seinem Leben geschossen hat, da sind doch dem tatsächlich zwei, gleich zwei Schnepfen gekommen! Einen hat er derhalten, aber den anderen ... ha, die Luftlöcher haben mich richtig gefreut – gefehlt, daneben, ätsch!

So brodle ich vor mich hin, während ich inmitten lachender, schwatzender Waidgenossen dem Mittagsrastplatz zustrebe. Nichts habe ich geschossen den ganzen Vormittag. Ein Hase hoppelte mir fast über die Füße – als ich, an einem Wegrand stehend, sein Kommen übersehen und, schon ein wenig „hammerterrisch", wohl auch überhört hatte. Da war von Schießen keine Rede und der Nachschuß sinnlos, als der Hase, von seinem Schrecken erholt, richtig anzog und quer über die Schneise ins Gehölz sprang. Viele Asteln habe ich abgeschossen vom Unterholz, das war alles, und dann das noch mit dem Schnepf beim Nachbarn. Nein, was zuviel ist, ist zuviel.

Drum setze ich mich wortkarg etwas abseits auf einen Baumstumpf und pampfe mißmutig meine mitgebrachten Brote in mich hinein. Der Apfel ist kalt, hineinbeißen kann ich auch nicht mehr richtig, heut geht schon alles daneben. Aber der Schnaps wenigstens tut gut. Und selbst der wird mir verleidet, denn es fällt mir das russische Sprichwort ein: „Schnaps saufen ist wie in Hose pischen. Erst ist wärmer, dann noch kälter."

‚Aber erst ist wärmer', ich lehne mich zurück und schließe satt – etwas ausgesöhnt mit meinem Schicksal – die Augen. Die Sonne scheint auf die Lider, das fallende bunte Herbstlaub raschelt durch die Äste.

Dann stehe ich wieder auf einer Wiese am Rande eines Gehölzes, und der nächste Trieb ist angeblasen. Plötzlich ruft wer: „Schnepf! Schnepf!" Ich schaue vorne, rechts, links – nichts. „Hinter dir!" ruft der Nachbar. Ich wende mich, sehe einen Vogel, werfe den Schuß hinauf. Getroffen. Ich habe getroffen!! Warum lachen alle meine Nachbarschützen? Und woher kommen sie alle plötzlich?

Da wird mir langsam klar, daß ich geträumt habe. Und ich schlage die Augen auf, um mich herum ein Halbkreis von lachenden Jägern. Wir sind noch immer am Rastplatz. Müde und satt bin ich entschlummert und habe nur geträumt von meinem ersten Schnepf. Der Schnaps mag auch das Seine dazu getan haben. Und ich muß wohl was gemurmelt haben im Traum. Ja schlimmer, man sagt mir, ich hätte mit den Armen und Beinen gezuckt, wie ein Hund, wenn er im Schlafe jagt.

Deshalb auch der lachende Halbkreis von Schützen um mich herum. –

Jetzt bin ich erst recht sauer. Meine Phantasie und meine Jagdleidenschaft, mein Schußneid haben mir einen Streich gespielt. Mißmutig und niedergeschlagen stapfe ich durch den Wald, um nun wirklich zum nächsten Trieb angestellt zu werden. Und ich sage laut: „Ich möchte so gerne einmal in meinem Leben einen Schnepf schießen." Der Ansteller vor mir wendet sich und

meint: „Net ungeduldig sein, wird schon einmal passen." Ja, er hat leicht reden, auf seinem Hut prangen Bart und Malerfedern. –

Der nächste Trieb. Ich stehe wieder auf einer Schneise. Da raschelt etwas im welken Laub vor mir im Holz. Und richtig, ein Hase kommt direkt auf mich zu. Heraus auf die Schneise, ganz nahe bei mir. Mein Nachbar kann nicht schießen. Dann flitzt Mümmelmann auf meinen Nebenschützen zu – jetzt kann ich nicht schießen. Der Hase wendet wieder auf mich her und springt endlich zwischen uns beiden in den Wald zurück. Da läßt der Nachbar fliegen. –

Im Schuß spüre ich einen Schlag vor die Brust. Es zieht mich nach vorne zusammen – mir stockt der Atem. Ich greife instinktiv an die Stelle, an welcher ich den Stoß verspürt habe. Meine Finger sind blutig. Ich bin getroffen! Schon laufen rechts und links die Schützen herzu. Da habe ich mich schon wieder in der Gewalt. Ein einziges Gellerschrot hat mich erwischt, genau in den offenen Hemdausschnitt aufs Brustbein. Halb so wild. Glück gehabt, denn wenn's ins Gesicht geht oder in die Weichteile des Halses? Aber das Brustbein ist hart. Ein Schnaps tut jetzt gut. Und plötzlich überfällt mich der Gedanke: „Das war ein Warnschuß vor den Bug." Nicht neidig sein, dem Freunde etwas gönnen – Geduld haben. Und vielleicht noch mehr: Ans Ende denken – sein Leben überdenken – für jede Stunde, jeden Augenblick – besonders in Gottes freier Welt, in Wald und Hag, dankbar sein. Aber nun genug – nicht zu sentimental werden.

Beim nächsten Trieb stehe ich auf einer Wiese am Rande eines Gehölzes. Die Jagdhörner blasen das Treiben an. Plötzlich ruft wer: „Schnepf! Schnepf!". Ich schaue vorne, rechts, links – nichts. Ich wende mich – da gaukelt der Vogel dahin. Das Gewehr hochreißen und den Schuß hinwerfen ist eins. Im steilen Bogen fällt der Schnepf zur Erde und liegt am Rande eines Bächleins, das sich durch die Wiese schlängelt. Getroffen. Ich habe getroffen! St. Hubertus ist nicht nachtragend, das hat er von seinem Meister gelernt, unserem Herrn. Er hat mich gewarnt, er hat mir verziehen und mir den ersten Schnepf meines Lebens geschenkt. Und wie ich so glücklich dastehe und sinniere, sinkt eine kleine Wolke von Schnepfenfedern nieder, die Sonnenstrahlen lassen im Drehen und Wenden auf jeder Feder einen Farbtupfen aufleuchten, und alles zusammen ist eine Symphonie aus Gottes großem Malkasten.

Zwischen Allerheiligen und St. Hubertus

Strahlend geht die Sonne über dem Graukogel auf. Lange Schatten wirft der mächtige Berg in das rauhreifbedeckte Tal. Es ist empfindlich kühl, aber die Luft ist klar und würzig. Das verspricht ein Tag zu werden, ein Geschenk des Himmels! Wie geschaffen zum Wandern. Und so finden mich die Sonnenstrahlen, die durch die Bäume lugen, im Anstieg auf die Schloßalm. Die halbzahmen Eichkätzchen begleiten mich ein paar Sprünge, aber ich habe nichts für sie, und so lassen sie bald ab von mir. Einsamkeit umfängt mich, und ich hänge meinen Gedanken nach. Da liegt mitten am noch breiten Fahrweg ein kleiner, ebenmäßiger Bruch mit dichten Fichtennadeln. Ich bücke mich und drehe ihn bedächtig in der Hand. Dann stecke ich ihn, einer plötzlichen Eingebung folgend – Nadeln nach innen –, an den Hut.

Allerseelen!

Und wie ich so weiter wandere, da gesellen sie sich zu mir, die Jäger von drüben aus den ewigen Gründen, und wandern mit mir. Vater Roß, Onkel Pepi, der lustige Kober und manche mehr. Sie nicken mir lächelnd zu. Da steigt aus der Vergangenheit die Erinnerung an so manche Pirsch.

Da – ich muß wohl vor mich hingebrummelt haben – springen 20 Schritte vor mir Gais und Kitz übern Schlag.

Allerseelen!

So manche traute Zwiesprache führten wir in den Hütten an langen Abenden. Wie's wohl recht wäre, und was man besser hätte sein lassen. Und ich frage meine stummen Wegbegleiter, was noch fehlt zum guten Waidmann. Dumme Fragen, sie sagen eh nichts, und ich weiß wohl – viel fehlt noch. Immer wird noch manches fehlen.

Da – 20 Schritte vor mir reitet der große Ritter ab. Wie geschickt er durch das hohe, enge Holz schaukelt. Wieder Stille. Keine Menschenseele begegnet mir auf diesem Allerheiligengang durch die Natur, auf diesem Weg in die Vergangenheit …

Die Baumgrenze ist erreicht. Das gleißende Licht der Herbstsonne umfängt mich voll. Die warmen Strahlen dringen in mich ein. Die stummen Begleiter sind im Wald zurückgeblieben. Wie gern hätte ich noch mit ihnen in der Erinnerung an fröhliche Schüsseltriebe geredet.

Gleich bin ich oben, gleich habe ich es geschafft, und da schenkt mir St. Hubertus zum Lohn noch einen herrlichen Anblick: Ein Rudel Gams steht unweit im Kar. Sie äugen mich an. Einer pfeift und kommt neugierig näher. Dann ziehen sie gemütlich um eine Felskante, und die Bühne ist wieder leer. Leer? Schau dich um! Dort unten liegt das Tal nun im vollen Sonnenschein, die Ache glitzert – die Hügel und Vorberge sind in alle Farben der Herbstpalette getaucht, und drüben die Spitzen im ersten Schnee, und dort das ewige Eis des Tischlerkars.

Allerseelen! Totenstimmung?

Nein, da ist alles Verheißung auf neues Leben – da ist der strahlende Sieg des Lichtes.

Ich stecke meinen Bruch nun mit den Nadeln nach vorne als Festbruch an den Hut. Ich breite meine Arme, und mit einem Juchzer springe ich ins Tal.

Ich lebe!

Der liebe Gott
geht durch den Wald

Wer kennt es nicht, das heimelige Lied?

Ich bin IHM oft begegnet.

Wenn Rauhreif im klirrenden Frost Äste und Büsche überzog und Sonnenstrahlen die kunstvollen Kristalle in glitzernder Herrlichkeit funkeln ließen.

Wenn im späten Lenz der launige Wind gelbe Schauerwolken von abermilliarden Pollen vor sich hertrieb und neues Leben sich in die Bäume senkte.

Wenn schwersüßer Sonnenglast das Moos im Hochholz wärmte und ich, auf dem Rücken liegend, den ziehenden Sommerwolken über den Baumwipfeln meine namenlosen Wünsche mitgab, während ein tausendfach' Summen um mich her das ewige Sein pries.

Und wenn nach kalten Herbstmorgen im heimlichen Grund die Hirsche röhrten.

Jetzt röhren die schweren Motoren der teuflischen Brüder Harvester und Processor durch das Revier und hinterlassen einen geschändeten Wald. Kreuz und quer liegen, braun und tot, Äste und Unterstandlinge am Boden, und man sieht Hunderte Meter weit in den Forst. Kein Unterholz mehr, kein grünes Fleckchen. Keine Deckung mehr und keine Äsung. Das Wild würde, wenn es nicht schon längst über alle Berge wäre, sich bei der Flucht in dem Gewirr die Läufe brechen.

Ich weiß, ich weiß, es muß so sein. Der „Fortschritt" verlangt es. Scharfe Kalkulation, Sparen teurer menschlicher Arbeitskraft, die liebe ausländische Konkurrenz. Leistungs- und Erfolgsdruck, Wirtschaftswachstum und was es da noch an schauerlichen Wörtern gibt.

Wie war es denn früher? Da haben die Russen, die Finnen und die Schweden ihr Holz selbst verbraucht. In unseren Wäldern klang hell die Axt. Ein jeder hatte gut zu leben.

Heute donnern die Schweden mit 60-Tonnern aus dem Wald (während unsere hohen Herren da oben uns mit 32 Tonnen sekkieren) und donnern weiter auf den mitteleuropäischen Markt. Greenpeace, Global 2000 und wie sie alle heißen hat man mit Besichtigungsfahrten in den hohen, unberührten Norden eingeschläfert.

Und wir bezahlen die Zeche.

Freilich, ich bin kein Fachmann, aber ich habe Augen im Kopf. All das, was ich sehe und schmerzlich empfinde, mag zum Überleben unserer heimischen Forstwirtschaft notwendig sein, aber schön ist es nicht. Und ich meine, auch nicht gottgewollt. Der HERR hat sich in unzugängliche Gebiete zurückgezogen.

Nein, unlängst bin ich IHM doch begegnet. Ich sah, auf schmalem Jägersteig, im Nebel eine schemenhafte Gestalt auf mich zukommen. Aber dann war es doch nur ein Soldat. Wahrscheinlich auf Manöver. Er hatte allerdings seine Waffe so seltsam umgehängt. Da erkannte ich plötzlich – ein Jäger im Tarnanzug! Erzherzog Johann, schau oba!

Ich nehme an, er ging zu einem Hochsitz aus Aluminium – transportabel natürlich – und mit einem gescheckten Plastik-Tarnnetz überzogen. Viele Waidmänner, pardon Jagdkartenbesitzer, machen sich nicht mehr die Arbeit, einen Hochsitz mit „Grasstatschen", den großen Fichtenzweigen, zu verblenden. Die dürren ja ab und müssen dann ersetzt werden.

Was heißt im übrigen Hochsitze? Das sind Baumhäuser! Immer seltener sieht man die kunstvoll aus Rundholz gebauten Sitze, immer häufiger besteht der Aufbau aus Brettern, Nut und Feder, versteht sich. Am besten mit Wellblechdach oder zumindest Welleternit. Großartig! (Ich habe sogar einmal eine „schalldichte" Kanzel erlebt.)

Vielleicht bin ich ein alter, verzopfter Narr, aber so ein Anblick im Bergwald tut einfach weh.

Und noch dazu gleich zwei von der Sorte in einem Wieseneck am Waldrand. Damit das Wild, das aus dem von Unterholz und Äsung „befreiten" Forst austreten muß, gleich gar keine Chance mehr hat. Und was muß ich noch Erstaunliches sehen? Rechts und links von den Baumhäusern, so auf fünfzig Schritt, je eine Lecke. Nicht, um das Wild von dort bequem abknallen zu können, nein, natürlich nicht, sondern nur, um zu beobachten.

Warum aber mitten im Hochholz, fünfzig Meter vor einer Fütterung, ein Baumhaus steht, ist unerfindlich.

Wenn ich schon da bin, schaue ich mir die Fütterung an. Da ist das Heu vom Vorjahr noch drinnen. Über Wurmbefall braucht man sich da keine Sorgen zu machen.

Es ist nur gut, daß die Anti-Jagd-Journalisten Stadtfreaks sind, an ihrem Schreibtisch hocken, wo einer vom anderen abschreibt, und sie selten in den Wald kommen. Die könnten allerhand „Stoff" sammeln. Aber wenn schon einer heraufkommt in unsere Wälder, dann bemerkt er nicht die Sünden der Forstleute und Auch-Jäger, weil er einen Schmarrn davon versteht. Gottlob!

Allerdings könnte er bis „vor Ort" gebracht werden, denn unseren Tann durchziehen Straßen, Straßen, Straßen! Für die kostengünstige Bringung unerläßlich. Aber häßlich ist es, wenn ein hoher Schlag gleich dreimal von einer Forststraße zerschnitten wird. Viele Knaller begrüßen das sogar. Sie brauchen dann überhaupt nicht mehr zu gehen und fahren mit ihrem Wagen bis vor den Hochsitz. Dort hocken sie dann und meinen, „aus dem Wind" zu sein. Aber das Wild lernt sehr schnell den Zusammenhang zwischen Motorenduft und Menschenfeind. Und der Herr Präsident klagt: „Nichts zu sehen!"

Ein Wunder, daß ich überhaupt den als Soldaten verkleideten Schießer zu Fuß daherkommen sah. Immer weniger Jäger beherrschen die so reizvolle Pirschjagd und das Schießen über den Bergstock, die höchste Konzentration und Körperkontrolle erfordern. Wie glücklich war ich, als es mir gelang, bei gutem Wind in den föhrenbestandenen Wandeln des Tanzmeistergrabens in einer „Neuen" auf zehn Meter an ein Gamsrudel unter mir heranzukommen, das Äsung aus dem Schnee herausschlug. Ich habe nicht geschossen.

Genug, genug, denn schon ist als Silberstreif am Horizont Besserung zu vermelden.

Fleißige Hände arbeiten im Forst das liegengebliebene Stangelholz auf, und übers Jahr holt sich die Natur mit bescheidenem Grünanflug wieder das Unterholz zurück.

Und die vieltausend braven Waidmänner distanzieren sich augenscheinlich von den „schwarzen Schafen" unter ihnen. Auch die jagdliche Obrigkeit ahndet verstärkt Mißbräuche.

Dann wird die Jägerschaft wieder überall guten Gewissens bei ihrem Erntedank mit dem Hubertushirsch in die Kirche einziehen, nach jenem alten Brauch, welchem einige wenige Hasenfuß-Priester durch den Druck der Medien die Zustimmung verweigern.

Und sie werden das Knie beugen vor IHM, in Ehrfurcht vor den Werken des Schöpfers: Wald und Wild.

Mein Hund

Ein letzter Bruch, ein Waidmannsdank
ein bißchen festgestampfte Erde –
und plötzlich ist der Wald so leer,
kein Greif an meiner Seite.
So einsam jede Pirsch
und Trauer über Feld und Flur
kein Läuten mehr durch Tau und Tag
in wilder Hatz durch Wald und Hag
nur Stille.

Es waren wunderschöne Stunden
die ich mit dir geteilt
mein treuer Hund
mein Wegbegleiter
und stilles Einverständnis
herrschte zwischen dir und mir
und der Natur.

Nun jage dort in ew'gen Gründen
und harre mein, ich komme bald
dann wird mein letztes Halali
auch wieder unser erstes sein.

Burgenländische Symphonie

Es schien zunächst eine „ganz gewöhnliche" Niederwildjagd zu sein. Aufgewärmt durch einen zünftigen Glühwein am „Z'ammverlaß" – einem heimeligen Gasthaus am Ortsende –, ging es hinaus in die Weingärten und Felder. Beim ersten Trieb war meine Partie Vorsteher. Da hieß es warten. Der Novemberwind, von den nahe gelegenen Hügeln kommend, blies kalt ins Gesicht. Ich mummelte mich ein, so gut es ging, machte es mir am Sitzstock bequem und harrte der Dinge – oder besser des Wildes, das da kommen sollte. Von ferne hallten die ersten Schüsse, seltsam abgehackt und in der Ebene ohne Echo. Ich ließ mich von der Stimmung ganz gefangennehmen. Eine Niederwildjagd – ob groß, ob klein die Strecke – ist für den Kugelschützen aus dem Bergrevier immer ein Erlebnis. Man muß nur die Seele „baumeln lassen" und den Ruch der abgeernteten Felder durch die Nase ziehen. Dann wird man mit sich und der Welt eins. Abgestreift ist profane Hetze – die Sorgen sind weit.

Bald hätte ich die erste anstreichende Kitt verträumt. Aber die windzerzausten Rebhühner waren schon zu weit und zu hoch. Ich wertete meine zwei Luftlöcher als „Aufwärmschüsse" und mußte über meine faule Ausrede selber lächeln. Aber ehrlich gefreut habe ich mich, als ich rechts und links noch mehrere Ketten streichen sah. Hat sich doch dieses liebenswerte Wild, das so bedroht schien, recht gut erholt. Vielleicht auch ein wenig der Erfolg der verantwortungsbewußten Hege und Schonung. – Die Hasen hoppelten durch die Löcher in den Flanken. Ja, das tun sie gern, die gierigen Schützen, zu früh mitziehen mit den vorrückenden Treibern und Jägern. Das nützt Mümmelmann und ist dahin auf Nimmerwiedersehen. Der erste Trieb wurde abgeblasen. Der Jagdwagen kam und lud die Strecke auf. Bis dahin war es – wie gesagt – eine „ganz gewöhnliche" Niederwildjagd.

Nun waren wir an der Reihe, in Schützenlinie über die Felder zu stapfen durch taunassen Kohl, über gepflügte Schollen – die Stiefel schwer von der guten schwarzbraunen Erde. Rechts und links von mir je ein Treiber, ein Hund knapp voraus. Ab und zu rief der eine Treiber dem anderen etwas zu. Schwierig dieser Dialekt, dachte ich mir, und spitzte die Ohren. Aber die reden ja kroatisch! Natürlich – hier sind ja mehrere kroatische Dörfer eingestreut in die deutsche Landschaft. Vierzigtausend Seelen zählt diese Minderheit im Burgenland, stockkatholisch und konservativ. Hereingeholt von den Habsburgern aus ihrem Stammland am Balkan, um den durch Kriege und Nöte entvölkerten Landstrich neu zu besiedeln. Und nun sprechen sie, abgeschnitten vom Mutterland, ihr Altkroatisch wie einst in früheren Tagen. Der slawische Name des Jagdherrn zeugt auch von seiner Herkunft. Das alles ging mir durch den Kopf, als ich neben den Treibern über Land wanderte. Die Hasen lagen fest in der Sasse, mußten erst mit Stock- oder Erdwürfen locker gemacht werden. Dann allerdings flitzten sie davon und schlugen im guten Schuß ihr Rad. Viele haben wir wohl übergangen. Sei's drum, das Wild muß seine Chance haben.

So ging es Trieb um Trieb. Einmal vorstehen, einmal drücken. Und als die Jagd abgeblasen wurde am fortgeschrittenen Nachmittag, da lag eine ansehnliche Anzahl von Hasen und Hühnern, jedoch nur wenige Fasanhahnen gestreckt. Nach dem Melden und Verblasen der Strecke sprach der älteste der Jäger für alle Eingeladenen die Dankesworte. Sein Akzent konnte die Volkszugehörigkeit nicht verleugnen. Am Rande eines Gehölzes – windgeschützt – lagerte sich die Jagdgesellschaft. Das Feuer war entzündet worden und darüber, an einem Dreibein hängend, blubberte ein mächtiger Kessel, und ein gar köstlicher Geruch von paprizierter Bohnensuppe mischte sich mit dem Holzrauch des Feuers. Da war alle Müdigkeit verflogen. Dampfende Schüsseln wurden gereicht, ein selbstgebackenes Bauernbrot dazu und köstlicher burgenländischer Wein – schwer wie der Boden, aus dem er gewachsen. Zwei Nachbarn prosteten sich zu. „Egészségedre …" Nanu? Das ist ja Ungarisch. Freilich, das Burgenland gehörte bis 1919 als Westungarn zu diesem Teil der Doppelmonarchie und kam erst nach einer Volksabstimmung aufgrund der überwiegend deutschen Bevölkerung zu Österreich. „Egészségedre", sagte auch ich und hob mein Glas.

„Paß nur mit der Aussprache auf", lachte mein Gegenüber, „wenn du ‚Egészsegedre' sagst, heißt das nicht zum Wohlsein, sondern ganz was Unanständiges."

Ja, ich weiß, das é muß ganz rein und e wie ä ausgesprochen werden. Diese finnisch-ugrische Sprache ist für unsere Zunge recht schwierig. Finnen und Esten gehören zum selben Stamm, wenn auch nur wenige Worte – wie z. B. Brot – gleich sind, so ist der Klang völlig gleich, und für den Laien ist es nicht zu unterscheiden, ob nun ein Ungar oder ein Finne mit ihm spricht.

Auch das ging mir durch den Kopf, während ich zufrieden meine Suppe löffelte und den Wein am Gaumen zerdrückte. Köstlicher Duft zog durchs Gehölz – an langen Zweigen als improvisierte Spieße hielten die Jäger Speckscheiben über die Glut des herabgebrannten Feuers – das glänzende Antlitz vom roten Schein beleuchtet, wie einst das ganze Reitervolk in der Tiefebene beim abendlichen Mahle gesessen haben mag. Einer von den Treibern hockte auch vor dem Feuer – wenn das kein Zigeuner war! Die schlanke Gestalt, die geschmeidigen Bewegungen, das lange dunkle Haar und die schwarzen Glutaugen im braunen Gesicht. Ruhelose Wanderer durch Zeit und Raum. Ein kleiner Rest dieses seltsamen Volkes hat sich im Burgenland erhalten.

Mit einem Stockungarn befand ich mich bald in einem freundschaftlichen Streitgespräch. Es ging wie seit 60 Jahren um die Abstimmung in Ödenburg – Sopron. Dem Vernehmen nach hatten die Ungarn Militär in die Hauptstadt gelegt und für wahlberechtigt erklärt. So blieb diese Enklave bei Ungarn, und die Grenze macht einen merkwürdigen Bogen um Ödenburg herum.

Mein neuer Freund ließ als einziges Argument gelten, daß nun

Westungarn – er sagte nie „Burgenland" – wirklich zum Westen gehört und nicht hinter dem Eisernen Vorhang liegt.

Die Stimmung stieg – deutsche, kroatische und ungarische Wortfetzen drangen an mein Ohr – das Feuer flackerte nun wieder hoch auf in den Abendhimmel und beleuchtete die urige Szene – Jäger nach der Jagd.

Und ich dachte bei mir, das Wild kennt keine Grenze, der Jäger würde sie auch nicht brauchen, das ist etwas für Staatsmänner und Politiker. Aber hier an diesem Abend, in dieser Ecke der Welt, da war ein Hauch vom alten Österreich, mit seinen Gegensätzlichkeiten und Gemeinsamkeiten. Ein kleines Stückl von der alten großen Vielvölkermonarchie ist hier noch lebendig. Und ich bin glücklich, daß ich durch diese Jagdeinladung diesen Hauch hab spüren dürfen und mit dabei gewesen bin.

Ein wundersames Jagdjahr

Sechs Erlebnisse hatte ich in einem einzigen Jagdjahr, die so seltsam sind, daß sie verdienen, erzählt zu werden. Und wenn der geneigte Leser meint, alles oder das meiste sei das reinste Jägerlatein, so kann ich nur bei meiner Jägerehre schwören ...

Doch lassen Sie mich erzählen!

Bei Einbruch der Dämmerung wartete ich neben meinem Auto, das ich seitlich an einem Grabenweg abgestellt hatte, auf einen Jäger. Das Standlicht war eingeschaltet, und die Türen standen offen, so daß durch die Innenbeleuchtung und die rote Tapezierung auch ein rötlicher Schein seitlich auf die Straße bzw. die kleine Wiese fiel. Plötzlich hörte ich ein Quorren. Eine Schnepfe strich knapp über dem Auto dahin, fiel etwa 15 Meter entfernt jenseits einer Brücke auf der Straße ein und kam wurmend und leise, seltsame Laute ausstoßend, auf mich, der ich zur Salzsäure erstarrte, und das erleuchtete Auto zu. Sie ließ sich vom Licht der Scheinwerfer, vom roten Schein aus dem Autoinnern und von meiner Anwesenheit nicht stören und näherte sich auf ein bis zwei Meter. Dann entfernte sie sich wieder würdevoll bis zur Brücke und strich ab.

Eines Nachmittags Ende Oktober wollte ich noch bei Büchsenlicht einen Bodensitz erreichen. Er befand sich etwas seitlich eines ansteigenden Weges am Rande eines schon ziemlich verwachsenen Schlages. Es dämmerte bereits. Als ich gerade vorsichtig vom Weg zum Sitz abbiegen wollte, gewahrte ich in etwa 30 Meter Entfernung am Schlag eine Bewegung. Ich kniete mich am Weg nieder und sah ein Tier langsam auf mich zuziehen. Gleich darauf knackste, etwas seitlich davon, ein Ast. Unmerklich drehte ich den Kopf und sah auf 20 Meter ein junges Hirschl kommen. Ich kauerte mich noch etwas mehr zusammen und lugte nur mehr unterm Hutrand hervor. Da knackste es rechts vor mir, und Tier und Kalb kamen zum Vorschein. So ging das noch einige Male. Ich war mitten in einem Rudel Hochwild. Das erste Tier hatte ich nicht aus den Augen verloren, entsicherte leise die unter mir geborgene Büchse, richtete mich plötzlich auf beiden Knien auf und schoß auf etwa sieben Meter das Stück.

Im Dezember pirschte ich auf einem verfallenen Fahrweg einen verwachsenen Schlag talaus. Als ich an der Grenze zum Hochholz aus der guten Deckung trat, verhoffte 20 Meter vor mir spitz zurück eine Altgais, halb verdeckt von einem markanten Baum. Ehe ich den Stock weggestellt und Mantel und Gewehr heruntergenommen hatte, um schußbereit zu sein, war die Gais mit ein paar Fluchten weg. „Dich krieg ich noch – na warte nur", rief ich ihr nach. Das mußte sie zu wörtlich genommen haben. Denn als ich nach genau 14 Tagen denselben Weg, jetzt aufmerksamer, entlangpirschte, da wartete meine Gais beim selben Baum, spitz von hinten, wie damals. Diesmal war ich schneller und erlegte sie.

Entenjagd im September in Oststeier. Ich war an einem Teich unter dem Weg, der am Uferdamm entlanglief, angestellt. Gleich nach dem Anblasen brach ein kleiner Weltkrieg los, und auch ich kam einige Male zu Schuß. Ich merkte mir die wenigen Treffer genau. Eine Ente war direkt hinter mir neben einem Baum in der sumpfigen Uferlandschaft wie ein Stein heruntergekommen. Meine Tochter, die dort in der Nähe auf einem abgebrochenen Ast hockte, und ich hatten uns die Stelle genau gemerkt. Nach dem Trieb gingen wir beide auf die Stelle zu: nichts! Wir suchten alles ab, das ganze verschlungene Unterholz: nichts!

Zwei Hunde wurden zu Hilfe geholt: nichts! „Sie muß aber da sein", rief ich und stampfte zornig mit dem Fuß auf. „Qua – Qua" machte es da im fauligen Laub unter mir. Genau an der bezeichneten Stelle hatte sich die schwerkranke Ente in das Laub gewühlt, und ich war zu guter Letzt auf sie getreten.

Apropos – es kommt noch besser. Sind sie schon einmal auf einen Gams getreten? Nein? Ich schon! Nach erfolgloser Pirsch auf Rehwild stieg ich um halb sieben Uhr im letzten Licht auf einem ideal angelegten und daher sehr leisen Pirschsteig durch einen Seitengraben bergab, der zwischen Wandeln eingebettet liegt, auf welchen sich Waldgams gern aufhalten. Bevor der Steig den Fahrweg im Hauptgraben erreicht, biegt er scharf um ein Felsköpfel herum. Mittlerweile war es schon fast dunkel geworden. Als ich um die Ecke bog, stieß mein Fuß an einen Gegenstand. Ich vermeinte erst, ein starker Ast oder ein bemooster Felsbrocken hätte sich über den Weg gelegt. Der „Gegenstand" kam aber blitzschnell in Bewegung und sprang das Felsköpfel hinauf. Ein Gams hatte am Steig geschlafen! Ich weiß nicht, wer von uns zweien erschrockener gewesen ist.

Niederwildjagd in Niederösterreich. Der Jagdherr weist uns ein und sagt an, was alles geschossen werden darf. Von Wacholderdrosseln (die dort eifrig bejagt werden) bis zum Fasan und Hasen. Ja, und natürlich, wenn Hochwild und Sauen kommen, sollen sie auch geschossen werden. Schöne Niederwildjagd, und ich habe nur Schrotpatronen mit! Der Jagdherr sieht mein betroffenes Gesicht, lacht und gibt mir zwei Patronen mit Brenneke-Flintlaufgeschoßen, den guten Bleibatzen. Ich stecke sie mir fürsorglich für den Fall des Falles ganz rechts in den Patronengurt. Und dann geht die Jagd los. Da ein Hahn, dort ein Hase, hier eine Henne, da kommt man ja mit dem Schießen nicht nach. Und jetzt dieser Krammetsvogel gehört auch mir. Ich schieße auf 30 bis 40 Schritt, er fällt genau vor mir zu Boden – ohne Köpfel, und meine Brenneke burrt, sich überschlagend, hoch droben die ganze Schützenlinie entlang.

Zum Glück ist nichts passiert. War das nicht ein Meisterschuß? Und war das nicht ein wundersames Jagdjahr?

Auf der Pirsch

Die laute Stadt liegt weit zurück
Im grauen dumpfen Dunst
Schon lacht mir froh des Waldes Glück
Mich lockt der Berge Gunst.

Auf schmalem Jägersteige hin
Wie leicht ist mir die Brust
Es weitet Herz sich und der Sinn
In unsagbarer Lust.

Beim Pirschen durch den stillen Hag
Der Gottheit auf der Spur
Bin ich der Wald, bin ich der Schlag
Bin eins mit der Natur.

Das andere Revier

Es hatte die ganze Nacht geschneit. Am Morgen kam Sturm auf, und die großen, schweren Flocken staubten waagrecht daher. Ein Wintergewitter mit Blitzschlägen aus dem grauen Firmament folgte. Erst gegen Abend beruhigte sich das Wetter. Aber immer noch zogen Wolkenfelder mit großer Geschwindigkeit über den Himmel. Dort oben tobte der Sturm mit unverminderter Heftigkeit. Ich beschloß, auf Hasen anzusitzen, und wandere nun durch den verschneiten Winterwald einer Wiese zu, auf der ich Waidmannsheil erhoffe.

Wie hat die Welt sich verändert! Der fahle Schein der Mondsichel, der immer wieder durch Wolken bricht, beleuchtet gespenstisch die tiefverschneiten Bäume. Äste, die ein vereinzelter Windstoß von ihrer Schneelast befreit, schnellen hoch – es scheint, als ob die Bäume mit Händen winkten. Ist das noch mein Revier?

Der Weg scheint mir länger, gewundener – dann sitze ich am Rande der Wiese, und ein unvergleichliches Bild bietet sich meinem Auge. Der Schatten der rasch ziehenden Wolken zaubert immer neue Formen auf das Weiß des Schnees, und vom hellen Grau bis zum tiefen Schwarz wechseln die Schattierungen, wenn in der Nähe eine Windbö in die Zweige fährt. Und als Kulisse ragt eine schwarze, vielgezackte Waldwand gegen den Himmel. Gebannt folge ich den Szenen in diesem mir unbekannten anderen Revier.

Die Astronautenfolie, die ein Freund aus den Staaten zu Weihnachten geschickt hatte, lege ich zur Seite. „Zehnmal wärmer als Wolle?!" – „85 Prozent der Körperwärme werden zurückgestrahlt?" – Schön und gut, aber das Zeug knistert. Lieber still sit-

zen und ein wenig frieren. So denke ich und hebe den Blick. Da zieht im raschen Bogen ein hellbeleuchteter Satellit als funkelnder Stern seine Bahn. Wie liebe ich unsere alte Mutter Erde in diesem Augenblick.

Ein Geräusch läßt mich aus meinen Träumen zurückkehren. Ein Hase tut sich gütlich an dem ausgelegten Schipperl Heu, proßt an abgebrochenen Zweigen. Ich hebe die Flinte, das Korn blinkt im Mondlicht, und schieße. Der Donner des Schusses rollt über die Wiese ins Tal. Der Gegenhang wirft ihn zurück. Der Knall zerreißt den Zauber dieser Nacht, und als er verhallt, ist es nicht mehr wie vorher. Nach einer Weile des Schweigens gehe ich zu meinem Hasen. Meine frostklammen Hände graben sich tief in die warme Wolle. Ich bin allein unter dem Himmel mit dem Wild, aus dem alles Leben entflohen ist. Der Mensch vor dem ihm anvertrauten Getier. Nie habe ich die Last der Verantwortung vor dem Schöpfer tiefer empfunden als jetzt in dieser Zaubernacht im anderen Revier.

Wo ist die Grenze zwischen Tötensollen und -wollen?

St. Hubertus, hilf mir, das rechte Maß zu halten!

Quo vadis?

Dieses Kapitel hätte schon vor Jahren geschrieben werden sollen. Das Geschehen liegt schon lange zurück und spukt seitdem in meinem Kopf herum. Es wollte gleich zu Papier, doch Jäger sind bedächtig – die Zeit muß reifen.

Ich schrieb das Kapitel nicht, noch nicht bis heute – aus Rücksicht, aus Nachsicht für die lieben Mitmenschen. Schuld ist der Gams, der mir heute über den Weg lief, daß das lange Ungesagte nun doch gesagt wird, allen echten Jägern vom alten Schrot und Korn – so hoffe ich – zur Freude und aus dem Herzen gesprochen. Denn als mir der Waldgams heute so unverhofft in Anblick kam – leider in unserem Revier eine immer seltenere Freude –, da fiel mir die Geschichte vor Jahren plötzlich ein, und ich rief ihm zu: „Soll ich sie schreiben?" Und der Bock tauchte mit dem Häuptl auf und nieder und pfiff mich an, als wolle er sagen: „Ja, so schreib schon endlich." Und so mögen alle, die es angeht, mir verzeihen – der Gamsbock ist schuld –, er hat g'sagt, ich soll!

Damals erhielt ich erstmals die Einladung eines Großindustriellen auf einen Gamsbock. Gerne nahm ich an, und Anfang Dezember meldete ich mich nach langer Fahrt beim Oberjäger in dem herrlichen Revier.

Etwa 1300 Gams stehen dort auf über 11.000 Hektar, einer besser als der andere. Kaum war Zeit, mich umzuziehen, denn „mein Bock" wartete schon auf mich.

Schon bei der Ankunft war mir der große „Bahnhof" aufgefallen. Der Jagdverwalter hatte mich am Bahnhof abgeholt und mit dem Auto ins Revier gebracht, dort erwarteten mich der Oberjäger, ein Jäger und ein Eleve. Und mit den Dreien ging's dann auch ins Revier. Erst gab es ein Hin- und Hergeziehe, denn der eine wollte meinen Rucksack, der andere mein Gewehr tragen. Der starke junge Eleve hätte wohl am liebsten mich selbst getragen. Nach einigem Hin und Wider ließ man mich, Rucksack und Büchse – wenn auch stirnrunzelnd – ungeschoren, und mit dreifacher Bedeckung ging es weiter.

Wir hatten nicht weit zu laufen. Ein paar Minuten außerhalb des Ortes zweigten wir ab, eine kleine, flache Rinne hinauf, dann vorsichtig auf den Sattel zum benachbarten Graben, und vor uns, unweit über die „Taln", am Fuße eines mächtigen Berges, äste friedlich, wie angebunden, „mein" Bock. Schneefall hatte die Gams nach unten gedrückt – einfacher ging's nicht.

Nun kam alles in Sekundenschnelle.

Die drei Jäger fielen über mich her. Der eine riß mir den Rucksack vom Rücken und baute daraus auf der Schneid eine sanfte Gewehrauflage. Der zweite warf mich zu Boden und stützte meine Beine gegen das Abgleiten von der Schneid. Der dritte aber brachte meine Büchse in die ungefähre Schußrichtung und zog mir fürsorglich den Mündungsschoner ab! – Ich war erschüttert! Ich muß wohl selten dämlich aus der Wäsche geguckt haben und war so überrascht und verwirrt, daß mein Schuß tief saß. Erst der Knall brachte mich ins normale jagerische Leben zurück, und mit einem sauberen Nachschuß brachte ich den im übrigen sehr guten Ib-Bock – nicht sehr hoch, aber außergewöhnlich stark im Schlauchumfang – im Abgehen zur Strecke.

Die Spannung löste sich – ein Augenblick des Schweigens –, dann „Waidmannsheil" und „Waidmannsdank". Und nach einer weiteren Pause: „Also Sie gehen jetzt zurück – wir sehen uns beim Jagdhaus."

Neuerliche Verblüffung bei mir. Dann aber nahm ich endlich die Zügel in die Hand. Ich ging zum Anschuß, zu meinem Bock – suchte ihm in den Latschen seinen letzten Bissen, brach ihn auf – half ihn liefern – und versorgte meine Büchse.

Da war das große Staunen endlich auf der Seite meiner braven Betreuer. Und später dann bei einem guten Glas Tiroler Roten tauten sie auf, die wortkargen Bergler, und gestanden mir:

Viele Gäste kommen und gehen, Geschäftsfreunde meist aus nah und fern, viele Gams fallen alljährlich – aber seit zwölf Jahren sei ich der erste gewesen, der nicht nur sein Jagdzeug selber getragen hätte, sondern auch zum Anschuß gegangen sei, mitgeliefert hätte – aufgebrochen und Gewehr versorgt.

Mir war es, als schöpften die braven Waidmänner neue Hoffnung für die Jägerei aus einer Selbstverständlichkeit. Und treuherzig baten sie um Entschuldigung, daß sie mich verkannt hätten.

Inzwischen bin ich oftmals dort gewesen – und einer der ihren geworden – kein großer Bahnhof mehr – ein Jäger am Pirschgang – keine übereifrige Betreuung, jeder macht seinen Teil ohne viel Worte. Aber wenn der Wein diesen sonst so verschlossenen Menschen die Zunge ein wenig löst, und sie erzählen von ihren Gästen – dann ist das Staunen wieder bei mir. Von den Auch-Jägern erzählen sie, die angebraust kommen, auf die Uhr schauen, „schnell, schnell" sagen – sie hätten wenig Zeit – müßten heute noch weiter, und nach dem Schuß davonstieben, nicht ohne noch rasch Anweisung zu geben, wohin Wildbret und Trophäe zu senden seien.

Von Schützen erzählen sie, die ganze Patronenschachteln auf einen verdutzten Gams verballern, daß es schaurig, schaurig widerhallt. Und davon, daß sich auch in den letzten Jahren nichts zum Besseren gewendet habe. Und vieles, vieles mehr. Genug!

Du uriges, geliebtes Waidwerk, du herrliche, unsagbar schöne Jägerei in Gottes freier Welt – quo vadis?

Wie der Gams Seilbahn fuhr

Im Karwendel war es gewesen. In den geliebten Tiroler Bergen, in jener kargen, mächtigen Gebirgswelt, in welcher die stärksten Gams und die schweigsamsten Menschen Österreichs zu Hause sind.

Es war Anfang Dezember, die Berge waren tief verschneit. Strahlender Sonnenschein übergoß die Spitzen und steilen Flanken mit blendendem Licht, so daß sie violette Schatten in die weiten Kare und engen Schründe warfen. Hier sah ich es selbst, was der berühmte Tiroler Maler Walde zum Erstaunen aller mit der Spachtel auf seine Ölgemälde aufgetragen hatte. Der Schnee war violett.

Die Brunft war vorbei – kein Gamsbock sprengte mehr seinen Rivalen durch stiebenden Schnee über Felsen und Schütten. Aber wir wollten das nicht wahrhaben. So stapften wir immer weiter das Haupttal hinauf und in die Seitengräben hinein und leuchteten mit dem Glas die Wände ab. Nichts. Die Landschaft lag, wie am Tage der Schöpfung, urig und gewaltig da. Wir waren wohl ein wenig spät dran. Schon stand die Sonne in halber Höhe, aber der „Rote" hatte am Vorabend so trefflich gemundet und die bedächtig vorgetragenen Geschichten von „die Gams", „die Hörsch" und „die Reach" waren so spannend gewesen, daß ich erst zwischen „viertel und halb" ins Bett kam. So hatten sich die „Sakra", die „schwarzn Tuifln", die „Hurnskripel" schon wieder verzogen, und wenn der Pirschführer noch so lästerlich und gar nicht wortkarg fluchte.

Die Mittagsrast hielten wir im hohen Karboden. Wir hatten abwechselnd gespurt und waren schon recht ausgepumpt. Um so besser mundete der einfache, aber kräftige Imbiß, mit deftigen

Witzen gewürzt. Und: „Im Bauch tragt si die Jausn besser wia am Buckel."

Gesehen hatten wir in dieser so wildreichen Region nicht viel. Von den 1300 Gams hatten sich nur da und dort kleine Scharwildrudel und jüngere Böcke blicken lassen. So machten wir uns zum langen Rückmarsch auf. Wieder und wieder verhielten wir, um alle Schütten, Wände und Latschenfelder auszuleuchten. Die Ausbeute war nicht besser als beim Aufstieg.

Der Dezembertag ist kurz in den Bergen. Wenn auch die Nachmittagssonne lange in dieses West-Osttal hineinschien, einmal war doch ein Buckel oder Zinken im Weg, und fort war sie. Wir waren schon weit talaus, an den „Hinteren Schwarzenwänd" vorbei und näherten uns den „Vorderen Schwarzenwänd". Das sind an der Flanke des Hauptales senkrecht aufragende einzelne Felsrippen, die durch steile busch- und latschenbestandene Mulden voneinander getrennt sind. Ein dunkles Gestein gibt diesen Wänden den Namen. Nach Sonnenuntergang wirkten sie besonders düster. Wohl waren noch die Berggipfel und höheren Lagen von einem rötlichen Schein übergossen, aber hier im auslaufenden, enger werdenden Tal wurde das Licht allmählich schwächer. Wir mußten uns erst umgewöhnen. Gerade noch in der prallen Sonne und nun, nach dem Verschwinden der hellen Scheibe hinter einem Gupf, im tiefen Schatten.

Und da sahen wir die Gams. Sie standen etwa 200 Schritt weit in den Mulden zwischen den Felswänden und ästen friedlich. Der Neuschnee hatte sie wohl talaus gedrückt. Ein paar gute Böcke waren dabei. Es ist für den pirschenden Jäger wie ein Schlag, wenn er plötzlich Wild in Anblick bekommt. Ein Ruck geht durch den ganzen Körper, die Sinne schärfen sich, das Blut pocht in den Schläfen. Der Beutetrieb erwacht.

Aus dem gemütlich dahinstapfenden Homo sapiens wird wieder das Raubtier der Urzeit. Und wenn auch die Reißzähne längst gezogen sind und im dritten Gebiß von geschickten Technikern durch niedliche Eckzähnchen ersetzt wurden, der Mensch bleibt doch ein Räuber. Der vielleicht zwar gegen die Jagd und die Jäger wettert, aber nichts gegen den Metzger im

Schlachthof sagt. Und dem beim Gedanken an ein saftiges Hirschfilet oder einen gespickten Rehrücken das Wasser im Munde um den eben erwähnten Reißzahn zusammenläuft.

Genug davon. Wir jedenfalls gingen, alle Sinne angespannt, so vorsichtig wie möglich in Deckung und ließen dabei das Wild nicht aus den Augen. Wir waren völlig frei im Talboden gestanden, als wir die Gams in Anblick bekommen hatten, und versuchten nun, Schritt vor Schritt setzend, eine etwa 20 Meter weit entfernte Gruppe von Krüppelfichten und Büschen zu erreichen. Fast hätten wir es geschafft, aber plötzlich kam Bewegung in das Rudel. Ein Gams, vielleicht eine alte, gewitzte Gais, hatte uns ausgemacht und angepfiffen. Da wurlte es nur so in der Mulde. Viele Gams hatten wir gar nicht gesehen, die waren hoch geworden und äugten nun herunter. Jetzt war es schon egal. Die letzten Schritte zu dem Schöpferl legten wir rasch zurück, mein Pirschführer kniete schon, das Spektiv am Bergstock angestrichen. Er hatte vorher schon einen ganz bestimmten Bock im Auge und den nicht mehr losgelassen. Er wies mich ein: „Ham S' ihn? Der hohe Enge ganz links, der mit die stark g'hakelten Krucken!" Ja, ich hatte ihn, aber er auch uns. Der Bock strebte, ohne viel anzuhalten, aus der Mulde auf die Felsrippe zu, die uns näher lag, sprang in die Wand und kletterte höher. Während der paar Haberl, die er kurz einlegte, und während der Bewegung war an ein Schießen nicht zu denken. Oben am Plateau der senkrecht abfallenden Rippe hatten sich mächtige Latschen angesiedelt. Dort verschwand der Bock. Aus! – Nicht aus, denn seine Neugier wurde ihm zum Verhängnis. Über dem Abgrund erschien er wieder und äugte, sich sicher fühlend, herab. Ich war, kniend am Bergstock angestrichen, immer mitgefahren und trug ihm nun die Kugel schräg spitz von unten an. Im Schuß, dessen Echo vielfach von den Wänden hallte, warf es den Bock in die Latschen zurück, und er war verschwunden. Einen Augenblick herrschte völlige Ruhe. Dann begannen sich die Latschen zu bewegen, die Äste schaukelten wie wild hin und her, und plötzlich segelte der Gams, wie eine Gondel am Seil, mit einer Krucke an einem weit ausladenden Ast hängend aus dem Buschen heraus und stürzte in die Tiefe. Der Ast wippte zurück.

Der Bock hatte sich wohl im Todeskampf mit den Krucken in den Latschen verhangen. Der schwere Wildkörper konnte sich am abschüssigen Plateau nicht halten, kam ins Rutschen, und so ruselte der Gams wie eine Seilbahn heraus. Den Absturz mag er wohl gar nicht mehr erlebt haben. Eine Krucke hatte er sich durch den Aufprall geknickt, sie war aber nicht gänzlich abgeschlagen.

Dieses Erlebnis hat mich zutiefst beeindruckt und steht noch immer in allen Einzelheiten vor meinem inneren Auge.

Wenn ich heute vor dieser starken Trophäe stehe, erinnert nur ein schwacher Knick der wieder gerade gebogenen und angeleimten Krucke an den unvergeßlichen Tag, als der Gams Seilbahn fuhr.

Seind alleweil g'scheita wie mir, dö Viecha!

„Waidmannsheil, Max! Kommen S' herein, legn S' ab, nehmen S' Platz da und erzähln S'. Wo haben S' die Gais g'schossn?"

Der Max, dem der Jagdherr als Dank für eine Gefälligkeit einen Abschuß vermeint hatte, tritt in die Stube der Jagdhütte, das Gesicht noch gerötet von seinem aufregenden Jagderlebnis.

„Waidmannsdank, Herr Baron, dös war vielleicht was! Wie i ausm Hohlweg kumm, wissen S' eh, der vor der steiln Leitn, do steht scho die Goas am andern End, vorm Hochholz. Und hot mi schon. I duck mi und schau's mir durchs Glas an. Paßt! S' Gwehr ober von da Schulta, und da steht auf da Seitn an olta Stipfl. Angstrichn und geschossn, des woa ans. De Goas zeichnet und geht schräg obi in Wald. No, denk i ma, de hots. Mei Hund, der Laro, wollt scho los, oba mir wortn no a weng, so wia's si ghört. Dann gemma zum Anschuß. Net goa vül Schweiß. Der Laro nimmt Wittrung auf, geht am Riemen auf der krankn Fährtn schräg obi in Wald. Dann faselt er umatum und ziagt aufi. I sog, Laro, na, do untn muß er liegn und fang von vurn an. Und wieda ziagt er im Hochholz aufi. Sakrisch steil, so steil, wia die Leitn davur. A poar Gäng bin i mitkumman, dann hob i neama kennan und hob den Laro geschnollt. Der is wia der Teifl davon und aufi, aufi. Denk i ma, du Trottel, de Goas liagt untn und da blede Hund is auf a frische Fährtn umsprungen. Erst hör i goa nix, oba dann pletzlich an Standlaut, na totvabölln! Wos sull i Ihna sogn. Hundert Schritt obn im Wald is sie glegn. Maustot. Hot eh an guatn Schuß ghobt, oba no so weit gangen. Hat der Laro, der Teifl, do recht ghobt."

„Der Hund hat immer recht! Das ist ein alter Jägerspruch. Jetzt aber nochmals Waidmannsheil."

Der Jagdherr hat während des Berichtes von Max eine Flasche selbstgebrannten Obstler hervorgeholt, zwei Stamperln eingegossen, und nun prosten die beiden einander zu.

„Ihr Bericht, mein lieber Max, hat in mir eine alte, wahre Geschichte wachgerufen, in der auch der Hohlweg und der Stipfl, wie Sie ihn nennen, eine Rolle spielen. Wollen Sie's hören? Haben S' solang Zeit? Sie sind ja nicht von hier, Sie werden's nicht kennen."

„Oba freilich, Herr Baron, für olte Geschichtn bin i imma z'hobn."

Der Jagdherr zündet sich eine Pfeife an, dann lehnt er sich zurück und fängt an zu erzählen: „Vor langer Zeit, es muß um die Jahrhundertwende gewesen sein, stand hier heroben ein schmucker Hof. Der Bauer, ein wortkarger, verschlossener Mann, gezeichnet von der harten Arbeit am Berg, brachte seine große Familie so recht und schlecht durch. Es gab zwar immer genug zu essen, aber für große Sprünge langte es nie.

Die große Liebe des Vaters galt seiner ältesten Tochter, Maria, gerade neun Jahre alt. Sie war ein fröhliches, aufgewecktes Kind, das in der freien Natur unserer steirischen Berge prächtig gedieh. Bescheiden, wie sie war, freute sich Maria schon sehr, wenn es zu Weihnachten ein paar Äpfel gab und eine Holzpuppe, die der Vater in seiner kargen Freizeit geschnitzt hatte.

Sie ging der Mutter fleißig zur Hand, betreute auch die jüngeren Geschwister und half im Stall, nachdem sie ihre Hausaufgaben gemacht hatte.

Ich vergaß zu erzählen, daß Maria unten im Tale zur Schule ging. Jeden Tag eineinhalb Stunden hinunter und wieder zwei Stunden herauf auf den Berg. Trotz dieser großen Belastung war sie eine gute Schülerin.

Eines schönen Tages, nein, nicht schönen Tages, denn es war Spätherbst und es hatte ein wenig zu schneien begonnen, machte sich Maria in aller Herrgottsfrüh wieder einmal auf den Schulweg. Sie fühlte sich matt, war erkältet, hatte schlecht geschlafen und vielleicht ein wenig Fieber.

Maria sagte das aber ihren Eltern nicht, um diese nicht zu ängstigen. Etwa bei der Halbscheid des Weges, just dort, wo Sie heute die Gais geschossen haben, am Ende des Hohlweges, wurde ihr totenübel. Sie mußte sich übergeben. Dann kauerte sich Maria an den Wegrain, um sich zu erholen, denn ihr war sterbensmatt zumute. Die Augen fielen ihr zu und sie schlief ein, einer Ohnmacht nahe. Es schneite.

Oben am Berghof hatte der Bauer das Vieh versorgt und rüstete sich, um Holz ins Tal zum Sägewerk zu streifen. Das Wetter war für dieses Vorhaben günstig. Die Bloch würden auf der leichten Schneespur gut gleiten und dennoch genügend Bremswirkung zeigen. Er hatte schon am Vortag den Halbwagen mit seinem Reipsattel voll Holz beladen, weil er durch lange Erfahrung wußte, daß es schneien würde. Dann spannte er seinen besten Noriker vor die Fuhre. Ach ja, der hieß Max, wie Sie! Noch eine Verbindung zu heute. Aber hören Sie weiter.

Bald ging es los. Max zog, vom Bauern am Halfter geführt, den Halbwagen zu Tal. Erst verlief alles gut. Als sie zum Ende des Hohlweges kamen, hielt das Pferd an und prustete. Der Bauer gönnte dem Gaul eine Pause. Dann wollte er wieder weiter. Hüa, Max! Aber dieser verweigerte den Befehl, stampfte mit den Hufen und wieherte. Erst redete der Bauer dem Pferd gut zu, dann riß er wütend am Halfter und schließlich zog er Max die Peitsche über. Aber der Gaul verharrte an der Stelle.

Der Bauer war einmal links und dann rechts vor dem Pferd zornig hin und her gesprungen und stieß plötzlich an etwas Weiches unter dem Schnee. Er bückte sich und schob den Schnee beiseite. Und da lag seine Maria, bleich und kalt, mehr tot als lebendig. Halb wahnsinnig vor Angst, rüttelte er das Kind und rieb es mit Schnee ein. Und endlich, nach einer langen Weile, schlug Maria die Augen auf.

Der Rest ist schnell erzählt. Daß der Vater mit seiner Tochter, in eine Pferdekotzn gehüllt, ins Tal lief. Daß sie dort bald ins Leben zurückgeholt wurde, derweil das Pferd alleine das Fuhrwerk zur Säge brachte.

Max, der Retter, war der Held des Tages. Die liebevolle Be-

treuung durch Maria hatte er durch sein standhaftes Verhalten gelohnt.

Die Bauern der Umgebung aber errichteten an der Stelle, wo Maria gelegen hatte, ein Marterl mit der Inschrift – der Inschrift – wo habe ich sie gleich – ja hier:

> *„Maria hot geschloffn, sie wurd imma motta,*
> *das Roß hot sie gfundn und net da Vota."*

Maria wurde eine schöne Frau und diente lange Jahre der Gräfin v. d. St. als Zofe und Gesellschafterin. In einer stillen Stunde mag sie der alten Dame ihr Erlebnis erzählt haben. Und diese wieder meiner Frau. So kam die Geschichte an mich. Und der Stipfl, lieber Max, an dem Sie angestrichen heute geschossen haben, ist der Ständer des längst verfallenen Marterls. Und die Stube, in der wir jetzt sitzen? Der Hof ist lang schon aufgegeben, Bergbauernschicksal! Aber das Stöckl habe ich mir als Jagdhaus hergerichtet."

Der Jagdherr schweigt, die Pfeife ist erloschen. Max wiegt bedächtig sein Haupt und meint: „Seind alleweil gescheita wie mir, dö Viecha!"

Heiligabend

Das war wirklich eine schreckliche Zeit gewesen. Von Advents- oder Weihnachtsstimmung keine Spur. Ein Hasten und Hetzen, eine Hektik und unnatürliche Betriebsamkeit bis zum letzten Tag. Die Menschen rannten hin und her, wie aufgestöberte Ameisen. Das Wetter tat das Seine dazu. Naßkalt nebligtrüb. Nicht Fisch, nicht Fleisch, kein goldener Herbst – kein weißer Winter. Schmutzig grau. Mal hatte es gefroren, mal ein bißchen geschneit, dann aber gleich wieder getaut. Die Autos preschten in die großen Pfützen, bespritzten die schimpfenden Fußgänger. Auf den Landstraßen mahlte sich dröhnend eine LKW-Schlange durch den Schneematsch – Güter hin und Güter her. Es geht uns gut, trotz Rezession und Inflation, wir leben in guten Verhältnissen, mehr sogar, wir leben über unsere Verhältnisse. Ja, und die Post, um diese segensreiche Einrichtung nicht zu vergessen. Wenn man eine Firma besitzt, heißt es, Pakete über Pakete richten, bis zur letzten Stunde. An Geschäftsfreunde – um sich in Erinnerung und jene bei Laune zu halten. Ohne geht es nicht mehr. Dabei wäre die Brief- und Kartenschreiberei Last genug. Jeder empfängt gerne Grüße und Wünsche – niemand will sie schreiben. Und über all dem wurde sogar das Leid in aller Welt vergessen. Was schert uns der Bürgerkrieg dort, der Terror da, der Hunger, die Armut. Noch ein Paket mit Sekt und noch eine Bonbonniere. Um Gottes willen, die Weihnachtsgans muß man noch holen. „Um Gottes willen"?

„Weihnachts"-Gans? Wer sprach in all diesen Tagen von Gott, von der „geweihten Nacht"?

Ich schließe mich nicht aus. Auch ich rannte wie von Sinnen kreuz und quer, mieselsüchtig, grantig und unansprechbar. Die

Familie kam zu kurz, nichts wirklich Wichtiges konnte man bereden, und oft genug sprang der gute Hund umsonst an mir empor und bettelte vergeblich um einen Spaziergang – von einem Reviergang gar nicht zu reden.

Dann endlich, endlich, war die letzte Karte geschrieben, das letzte Paket versendet, das letzte Geschäft geschlossen. Die Kinder, besser gesagt die Söhne und Töchter, alle der Mutter schon über den Kopf gewachsen, waren der Reihe nach eingetrudelt und erfüllten das Haus mit fröhlichem, aber beileibe nicht hektischem Getriebe.

Und jetzt erst ist der große Augenblick gekommen. Wir schreiben den 24. Dezember und fahren endlich los auf die Jagdhütte. Was niemand mehr zu hoffen gewagt hatte, tritt ein. Wir lassen alles zurück – die lärmende Stadt, die schmutziggraue Landstraße, das nebelige Tal. Und wie wir einbiegen in den Graben zum Revier, vollzieht sich das Weihnachtswunder. Nach wenigen hundert Metern ansteigendem Wege umfängt uns eine unberührte Schneelandschaft. Die Spikes des braven Doppelkabinen-Pritschenwagens fassen den Schnee unter den Rädern, aber selbst dieses Geräusch wird gedämpft von der weißen Watte ringsum. Bald haben wir den Schranken passiert – der uns vor ungebetenen Besuchern schützt – und die Jagdhütte erreicht. Jeder kennt seine Aufgabe. Hier wird aus der Holzlage Brennmaterial herbeigeschleppt, Mutter lüftet die Hütte und heizt ein. Wasser vom nahe gelegenen Brunnen wird herbeigetragen, die Stiege gekehrt und der wichtigste Weg, der zum Häuschen, frei geschaufelt. Der ältere Sohn aber, selbst Jäger, aus Deutschland – dem größeren Vaterlande – heimgekommen, und ich machen uns zu einem Reviergang auf. Wir wollen die Rehfütterungen kontrollieren und im Neuschnee ausspüren, ob sich wohl in unserer, ach schon so sehr „verdünnten Zone" ein Hirschriegler lohnen würde. Und so stapfen wir durch den Schnee. Die Fütterungen sind gut angenommen. Viel Rehwild ist im Walde, wenn man auch in den letzten Monaten wenig in Anblick bekam. Was sollte es auch auf den vom Vieh abgegrasten Wiesen? Im hohen Futter der Schläge war es kaum zu sehen und schon gar nicht im Holz. – Nachfüttern müssen wir nicht, Fritz, der brave Aufsichts-

jäger, hat vorher schon alles bestens gerichtet. Hochwildfährten sind einige zu spüren – vielleicht riegeln wir am Stefanitag oder Neujahr.

Der kurze Nachmittag verlischt schnell. Im letzten Licht kommen wir zur Hütte zurück. Dort ist es schon gemütlich warm. Die Mädchen und der jüngere Sohn haben ganze Arbeit geleistet und sind der Mutter brav zur Hand gegangen. Köstlicher Bratenduft erfüllt den Raum. Aber erst wollen wir feiern. Draußen vor der Hütte an den untersten Zweigen einer Fichte sind Kerzen angebracht. Die werden nun entzündet. Es ist fast windstill. Die Flammen brennen ruhig. Die Schatten der Zweige zaubern seltsame Zeichen in den Schnee. Auch nach oben in den Baum dringt der Schein der Kerzen, wird schwächer und glanzloser. Dort aber brennt ein anderes Licht. Über den Baumwipfeln funkeln, ab und zu von den langsam ziehenden Wolken freigegeben, Sterne am Firmament. Meine jüngere Tochter spielt ein Weihnachtslied auf der Gitarre, dann singen wir andächtig „Stille Nacht – heilige Nacht". Bevor wir in die Hütte zur Bescherung und zum Festtagsschmaus zurückkehren, küssen wir uns alle und wünschen uns von Herzen eine frohe Weihnacht. Und das Christkind geht durch den Wald.

Nichts Wesentliches ist an diesem Tage geschehen, werdet ihr sagen. Richtig, nichts ist „passiert". Kein tolles Jagderlebnis habe ich beschrieben, nicht einmal einen Wild-Anblick hatte ich gehabt. Aber muß immer etwas „los sein"? Meine Palme, die ich von der Hochzeitsreise vor Jahrzehnten aus Palermo mit heimbrachte und die inzwischen großmächtig gewachsen ist, ruhte ein ganzes Jahr nach dem letzten Umtopfen. Sollen wir nicht auch ruhen, geschlossen in uns, verwurzelt in der Familie, wenigstens einen Tag lang, einen „heiligen Abend"?

Solange die Erinnerung bleibt...

Ich sitze an meinem Schreibtisch, vor mir ein Schreibblock – leer. Oder besser gesagt – unbeschrieben. Ganz leer ist das Papier nicht, denn ich habe in Gedanken Schnörkel, Ringe, Strahlen und Wellenlinien daraufgemalt – typisches Zeichen eines Mangels an Konzentration. Oder der Unlust. Ich soll einen bestellten Artikel für eine Zeitung schreiben und habe so gar kein Animo dazu. So gerne ich „bei Gelegenheit" schreibe, wenn es mich plötzlich überfällt und ich zur Feder greifen muß, so wenig freut es mich, wenn ich „zu Gelegenheit" schreiben soll, zu einer ganz bestimmten, vorgegebenen Angelegenheit meinen Senf dazu geben soll. So ist es auch heute. Ich mag einfach nicht, die Gedanken schweifen von dem etwas trockenen Thema ab, die Blicke wandern in meinem heimeligen, holzgetäfelten, mit Schwarten, Bälgen und Decken ausgelegten Zimmer umher und bleiben an den Trophäen hängen, die ich hier angebracht habe. Wenn man so will an meinem besten Hirsch, stärksten Gams und Rehbock, oder, wie im Falle des Muffels, meiner einzigen diesbezüglichen Trophäe. Und ich weiß mit einem Male, heute schreibe ich nicht den dummen Zeitungsartikel, sondern ein Kapitel meines Buches. Heute muß ich die Begegnung mit diesen Wildtieren aufzeichnen, um ihr „Dasein" über den körperlichen Tod hinaus zu verlängern. So ähnlich mag es den urzeitlichen Malern von Tierkörpern ergangen sein. Sie zeichneten an Höhlenwänden und überhängenden Felsen. Sie mußten der mystischen Beziehung zwischen Jäger und Beute Ausdruck geben. Hätten sie eine Schrift besessen, sie würden sicher herrliche Jagdgeschichten geschrieben haben.

Und mein suchender Blick verweilt auf dem Geweih eines

braven Zwölferhirsches. Beileibe keine Spitzentrophäe, verglichen mit den Prachtstücken großer Jäger. Aber ...

Es sollte mein Abschiedshirsch werden. Als Dank für lange, mühsame, freudig erfüllte Dienste. Und so flatterte die Einladung eines Tages auf meinen Tisch. In ein Revier, das ich noch nicht kannte. Wohl hatte ich in der weiteren Nachbarschaft schon Hirsch und Reh bejagt, dieser Teil der mächtigen Berglandschaft war mir aber noch fremd. Um so größer war die Vorfreude auf die neuen Eindrücke. Vielleicht – so hoffte ich – würde es nicht gleich klappen, vielleicht würde ich auf mehreren Pirschgängen das ganze Revier kennenlernen. Nichts mag ich weniger als einen schnellen Schuß in unbekannter Landschaft auf ein Wild, ohne Beziehung zu seinem Lebensraum. Und es sollte so kommen. Viele Male bin ich dorthin gefahren, wanderte über Hochalmen, saß am Rande von steilen Schlägen, leuchtete mit dem Glas Latschenfelder ab und wurde langsam eingebunden in die Natur. Auch mit den Menschen dieser Region freundete ich mich an, wozu sicher so mancher feuchtfröhliche Abend beitrug. Viel Wild sahen wir, mein unermüdlicher Pirschführer Günther und ich, aber ein passender Hirsch war nicht dabei. Entweder zu kapitale Burschen oder geringe Sechser, Spießer, jedenfalls nichts „Mittleres", das mir vermeint war. Im Schnee stapften wir herum, dann, nach einer milden Herbstsonne, wieder im Schmelzwasser. Windstille Morgen erlebten wir, mit traumhaften Sonnenaufgängen, und sturmgepeitschte Abende, daß die Kanzel sich nur so bog und erbärmlich quietschte.

Aber einmal paßte es. Wir stiegen durch Hochholz auf der Schattseite einer engen, steilen Rinne auf. Eine Neue dämpfte unsere Schritte. Mein Begleitjäger wollte einen höher gelegenen Sitz erreichen, von welchem man einen prächtigen Ausblick hat. Noch nicht auf halbem Wege öffnete sich der Blick auf den ebenso steilen Gegenhang, und dort oben auf einer winzigen Blöße stand in der matten Spätherbstsonne „mein" Hirsch. Er war schon im Einziehen. Also rasch nach vor gepirscht. Dort war ein alter Bodensitz, an dessen Außenhölzern man anstreichen konnte. Narrisch steil nach oben, über 150 Meter weit. Wenn nur

das Glas nicht die Augenbrauen aufschlägt! Und ein Fichtenastel verdeckte das Blatt. Das Haupt des langsam einziehenden Hirsches war schon nicht mehr zu sehen. Ich vertraute auf meine 7 x 64-Mauser und ließ fliegen. Und dann geschah es. Den Hirsch riß es von den Läufen, er rutschte in einen Busch, der ihn jedoch nicht halten konnte. Der mächtige Wildkörper stürzte die steile Rinne herab, sich überschlagend, teils rutschend, teils im freien Fall über Felsplatten. Uns gegenüber vorbei klatschte er 50 Meter tiefer in die Runse. Alles in allem war er an die 200 Meter abgestürzt – ein unvergeßlicher Eindruck. Das Ganze hatte sich in Sekundenschnelle abgespielt, und während des Falles lamentierte mein Pirschführer lauthals: „Au weh, jetzt ist alles hin, Marantjosef, jetzt schlagt er sich's Geweih ab." Ein Blick mit dem Glas in den Wildbach hinunter beruhigte uns. Nichts war der Trophäe geschehen. Der Abstieg im lockeren Schnee war schwierig. Selbst mein braver Hund fand kaum Halt an der steilen Flanke und rodelte öfters davon. Dann endlich standen wir an dem gefällten König der Wälder. Letzter Bissen, ein Händedruck, Waidmannsheil und Schützenbruch. Und ein unsagbares Glücksgefühl im Herzen. Natürlich auch ein gutes Gefühl im Magen, denn die Flasche mit dem selbstgebrannten Obstler hatte den Aufstieg gut überstanden. Ja, das war mein „Abschieds"-Hirsch. Beileibe keine Spitzentrophäe, und doch möchte ich mit keinem König tauschen. –

Mein Blick wandert weiter im Zimmer und bleibt an dem guten alten Gamsbock hängen. Sinnend schaue ich ihn an, wieder weichen die Wände des Raumes, und ich fühle mich zurückversetzt an jenen unverlierbaren Tag im Dezember ...

Im Karwendel war es gewesen. Den ganzen Tag waren wir, mein Jäger Hans und ich, in dieser urigen Landschaft herumgeklettert, gesessen bis zum Steiffrieren und wieder weiter gestapft. Nachmittags hatte es in dichten Flocken zu schneien begonnen, und wir waren abgestiegen aus der Felsregion. Die Welt versank lautlos im weißen Schleier. Das schenkt ein ganz seltsames Gefühl. Unwillkürlich mußte ich an das Adventlied denken: „Leise rieselt der Schnee". Und ich summte es vor mich hin.

Unser Weg führte talaus die Isar entlang. Plötzlich gab es meinem Pirschführer einen Ruck. Über dem Flüßchen drüben auf einem etwa 50 Meter hohen, runden Felsbuckel, der wie ein Faschingskrapfen aussah, stand im spärlichen Bewuchs ein Gamsbock. Unten am Fuße des Felsens strömte ein starker Bach aus einer Klamm der Isar zu. „Das ist die Krapfenklamm", flüsterte mein Hans, „hier stellen sich die Böcke gerne nach der Brunft ab." Und er versuchte, durch das dichte Schneetreiben den Bock anzusprechen. „7 bis 8 Jahre", meinte er dann, „den nehmen wir." Leichter gesagt als getan. Durch das immer neu angeschneite Glas und die Flocken, die wie ein wehender Schleier zwischen mir und dem Gams wirkten, war der Wildkörper kaum auszunehmen. Als ich den Bock halbwegs im Fadenkreuz hatte, machte ich krumm. Der Knall des Schusses wurde durch den vielen Schnee ringsum fast verschluckt. Mein Gams zog sich krumm und ging sofort ins Wundbett. Au weh – weich geschossen! Patzer, dachte ich, aber mein Jäger tröstete mich: „Den hat's schwer erwischt, Waidmannsheil. War ja auch kein Schießen bei dem Wetter. Den lassen wir in Frieden verenden, holen inzwischen die Hüftstiefel, waten dann durch die Isar und klauben ihn zusammen." Und so machten wir es auch. Als wir nach einer Stunde vom Dorf zurückkamen, sahen wir im Glas – mein Bock lag auf der Seite. Wir stiegen zur Isar ab, und nun lernte ich die Bärenkräfte von Hans kennen. Huckepack trug er mich, selbst bis zur Hüfte watend, allerdings ohne Gewehr, Rucksack und Glas, durch den Fluß. Ich wog immerhin 90 kg. Drüben stiegen wir auf den Krapfen auf und näherten uns dem Gams. Wer beschreibt unser Erstaunen, als dieser plötzlich hoch wurde und – allerdings schwerkrank – versuchte, Richtung Krapfenklamm flüchtig abzugehen. Und mein Gewehr lag unten über der Isar! „Der stürzt uns ab!" schrie Hans, „dann ist er verloren." Und er warf sich mit einem gewaltigen Satz dem Gams nach. Beide verfingen sich in einer Krüppellatsche. Ich sprang nach, hakelte den Bergstock durch die Krucken und hielt so den Bock nieder. Der Jäger erlöste den Bock mit seinem Knicker. –

Als wir schweratmend aufblickten, fanden wir uns wenige Meter vor dem steilen Absturz des Krapfens in die Klamm. 50

Meter unter uns rauschte der Bach. Wenn die Latschen nicht gewesen wären ... Schritt um Schritt arbeiteten wir uns, das Stück nachziehend, zum Kamm hinauf. Dort erst – in Sicherheit – sahen wir uns den Gams näher an. Er war 18 Jahre alt! Eine Rarität für einen Bock, seit Jahrzehnten war dort kein so alter Knabe mehr erlegt worden. Hans bekannte freimütig, daß er sich im Schneetreiben verschaut hatte. Die Freude war groß, aber auch die Dankbarkeit, daß uns St. Hubertus aus Jägernot errettet hatte. Ja, das war mein Gams von der Krapfenklamm. –

Ich lehne mich zurück. Die Wände meines Zimmers sind wieder da – lange noch blicke ich die starke Krucke versonnen an. Dann geht mein Blick weiter in die Runde. Dort liegt ein Murmel, welchem ich mit der Vollmantel Rem. .222 das Herz herausgestanzt hatte, so daß es fein säuberlich neben dem Wildkörper lag. Dort liegt die Schwarte eines Überläufers aus Ungarn. Vom Sitz aus im allerallerletzten Licht geschossen, als dort in der Schneise statt vier schwarzen Baumstrünken plötzlich fünf waren. Und auf den Schuß lag eine Sau und kein Baumstumpf. Schwein muß man haben! Und hier, da hängt mein erstes und einziges Mufflon, verwandtschaftliche Einladung zum runden Geburtstag. Was soll ich erzählen von den vielen Pirschen – lieber von dem Schuß, als mein IIb dicht neben einem IIa und den Läufen tief im Schnee auf 190 Schritte spitz stand und auf uns heräugte. Die beiden hatten uns nämlich schon „spitz" gekriegt. Kniend frei am Stock angestrichen überlegte ich: „Schieße ich tief, bin ich im Schnee, links erwische ich den IIa, rechts geht's daneben, und hoch zerschieße ich Äser oder Schnecke." So lang hab ich mein Leben nicht gezielt. Und als der Muffel dann, gut getroffen, schräg stand und im Nachschuß aufs Blatt lag, sagte ich total erschöpft zum Hubert: „Na, Sie verlangen ja einen irren Schuß von mir." Worauf er ungerührt meinte: „Ich hab g'hört, Sie schiassen net schlecht." Aber fast am meisten hat mich gefreut, daß der Jäger, als ich dem Widder den letzten Bissen gab, ehe ich selbst den Bruch empfing, anerkennend sagte: „Das hat schon lange kein Jagdgast mehr gemacht." Ja, das war mein Muffel, dessen Schnecke von der Wand herübergrüßt.

Und plötzlich weiß ich, wie ich meinen braven Pirschführern eine Freude machen kann. Das Schußgeld alleine tut es nicht. Ich möchte, daß meinen Begleitern die Trophäen ausgehändigt werden, wenn ich in die ewigen Jagdgründe abberufen worden bin. Der Hans bekommt den Gams, der Günther den Hirsch, der Hubert den Muffel und so fort. Und damit schenke ich auch dem Wild ein längeres „Dasein". Denn solange ein Mensch lebt, der bei meinen Jagden dabei war, solange bleibt die Erinnerung wach und sind die Trophäen kostbar. Erst wenn auch der Pirschführer ins Grab sinkt, wird aus dem Geweih, dem Krickel und der Krucken ein alter, wertloser Knochen.

Nur du dort drüben, Rehbock – Lebensbock – gehst mit mir. Denn niemand war dabei, als ich dich erbeutete – das bleibt unser Geheimnis ganz allein.

Auch ein Jagdjahr

30. April

7.00 Uhr

Es ist kein verspäteter Aprilscherz. Auf meinen Gamswandeln klettern zwei Männer herum und klopfen mit Hämmern Steine los, verschiedene Serpentine und weißen Magnesit, wenn eine Ader zutage tritt: Geologen. Das Wild, das sie abtreten und das hochflüchtig abgeht, sehen sie gar nicht. Es interessiert sie auch nicht. Sie sehen nur ihren kleinen Teil der Welt.

10.30 Uhr

Ohne zu grüßen, zu fragen oder sich etwa zu entschuldigen, reiten hoch erhobenen Hauptes stolz und unnahbar zwei Menschlein durch meinen Wald. Auf mich zu und wollen an mir vorbei. Sicherlich – „alles Glück dieser Erde ist auf dem Rücken der Pferde" – bin ja selber Reiter. Aber in den Wald gehören sie nicht, diese edlen Tiere. Dort sind die Hirsche und Rehe zu Hause und mögen so gar nicht den Pferdegeruch. Immerhin, auf meinen Vorhalt gehen die Reiter gnädig ein, versprechen von „oben herab" dem Fußgänger Jäger, auf den markierten Wegen zu bleiben.

14.45 Uhr

Eine ganze Großfamilie klettert die Böschungen des Fahrweges hoch, schwärmt durch das Hochholz, rupft die herrlich blühende Erika aus und schleppt sie bündelweis zu einem Kombiwagen. Dort wird sie in Säcke gestopft und verladen. Alles „Eigenbedarf", wie die wenig höfliche Antwort auf meine Frage nach dem Zweck dieses Tuns lautet.

18.30 Uhr

Von ferne hört man sie schon jodeln und juchzen – die heimkehrenden Touristen, die den schönen Tag oben auf den Höhen verbracht haben und nun des Abends durch die Vorlagen, in welchen mein Revier liegt, heimwärts ziehen. Ab und zu wird eine Rast am Wege eingelegt, ein Bier gezischt und die Dose in die Gegend geschleudert, von den vielen Papierln und Plastiksackeln, welche die Höhenwege zieren, ganz zu schweigen. Eine lange Spur, die die Wohlstandsgesellschaft in den für sie geöffneten Wald zeichnet.

5. August

4.00 Uhr

Ich sitze auf einer Kanzel. Bin schon in der Nacht heraufgefahren ins Revier und noch im Dunkeln aufgebaumt. Auch in der Brunft treten die Rehe morgens zur raschen Äsung aus. Plötzlich hinter mir ein Knacken von dürren Zweigen. Sollte der Alte direkt unterm Sitz auftauchen? Ich drehe mich ganz leise und vorsichtig um. Da geistert ein Lichtlein durch das Holz, wandert hierhin und dahin und kommt näher. Schließlich ist sie heran, die Trägerin der Taschenlampe – die Schwammerlsucherin, die es nicht erwarten konnte und als erste im Walde sein wollte. Eine kapitale Geltgeiß, mit der man lieber keine Händel anfängt.

11.00 Uhr

Ich blatte am Rande eines Schlages. Nichts rührt sich auf den sehnsuchtsvollen Ruf. Sprengfiep! Da bricht es hinter mir im hohen Holz, da braust es heran. Drei Waldläufer stürmen durch den Tann. Training für irgendeine Meisterschaft. Einer wäre schußbar – hat schon ein wenig zurückgesetzt. Schütteres Haar und Bauchansatz.

15.30 Uhr
Ich habe drei Wildsauen gesehen! Leider nur von hinten. In Form von Motocrossfahrern, die mit aufheulenden Motoren den Höhenweg zum „Alpengasthof" genommen haben, nicht ohne bei günstigem Gelände einen Slalom ins Holz einzulegen. Jetzt brausen sie die Skipiste im Nachbarrevier auf und ab, daß das Echo von allen Hängen schaurig widerhallt. Aber weil sie dann ihr Bier konsumieren, bleiben sie als „zahlende Gäste" ungeschoren.

18.00 Uhr
Ich pirsche einen verwachsenen Weg zum aufgelassenen Pflanzgarten entlang. Dort bei den Lupinen in der heimlichen Lichtung könnte es passen. Aber es hat schon jemand anderem gepaßt. Ein Liebespaar vergnügt sich dort. Sie ist ein hübsches junges Ding, das zeigt mir mein Glas. Er ist nicht anzusprechen, er zeigt mir immer nur den blanken Spiegel.

19.30 Uhr
Letzte Möglichkeit – ich strebe vorsichtig einem Bodensitz am Rande eines großen Schlages zu, der in drei Etappen angelegt wurde. Die Aufforstung der ersten zeigt schon dichten Jungmais. Und dort überm Graben am Gegenhang schlieft ein Reh, die rote Decke leuchtet immer wieder durch die Zweige. Sehr schwierig anzusprechen, ist gut 200 Meter weit. Endlich wirft der Bock, denn es ist ein solcher, auf einer kleinen Blöße auf, und der Mann steht in voller Größe mit seinem rehbraunen Hemd da, reckt die Hände nach dem ermüdenden gebückten Beerenbrocken hoch und läßt ein erlösendes „Aah" erschallen. Er muß kein Deutsch verstehen. Denn auf meinen Anruf, er möge sich zum Teufel scheren – tippt er sich nur an den Kopf, und der sture Bock brockt unverdrossen bis zum letzten Licht weiter.

29. September

7.15 Uhr
Sollten diese Schläge kämpfende Hirsche am Brunftplatz sein? Nein, es sind Altholzsammler, die vorbereitete Prügel auf einen Pritschenwagen werfen, der an einen Schlag herangefahren wurde.

15.30 Uhr
Ich gehe den Fahrweg im Wintergraben bergwärts. Da kommt mir in dieser Sackgasse ein Auto entgegen. Insassen: eine Geschäftsfrau aus unserer Stadt und ein mit ausländischem Akzent sprechender verlebter Lebemann. Ich stelle mich in den Weg und mache das Pärchen darauf aufmerksam, daß es sich auf einer mit „Forstweg" gekennzeichneten Sackstraße befinde und ich den Fahrer leider anzeigen müsse. Zunächst versucht der Gute mir einzureden, er wäre nur „gonz wähnig" in mein Revier hineingefahren. Da ich aber weiß, daß man nirgendwo unterwegs umdrehen kann, sondern erst am Ende der Straße am „Umkehr-Schlag", zieht das nicht. Nun kommen drei verblüffende Antworten. Erstens: Der Mann wisse nicht, daß die Tafel „Forstweg" Fahrverbot bedeutet. Innerlich muß ich ihm Recht geben. Das ist eine ganz dumme behördliche Neueinführung – „Privatweg" war viel einleuchtender. Zweitens: Er habe nicht gewußt, daß das eine Sackstraße ist. Er wolle zum Alpengasthof. Dagegen kann ich nichts sagen, denn ich bemühte mich bei den Behörden wiederholt vergeblich um die Aufstellung einer Sackstraßentafel am Grabeneingang.

Drittens: Der Mann zückt die Brieftasche und meint treuherzig: „Nix anzeigen – was kost's?" Auf meinen Hinweis, daß ich nicht berechtigt sei, Strafmandate zu verhängen und zu kassieren, fährt mein Pärchen, kopfschüttelnd über soviel „Dummheit", talaus. Ich habe sie nicht angezeigt.

16.30 Uhr
Wieder einmal mehr, zum tausendsten Male, Beerenbrocker oder Schwammerlsucher oder beides. Es beginnt mit den Erd-

beeren im Frühsommer und endet im Herbst mit den Preisel-
beeren. Mit den Pilzen ist es ein Gleiches.

17.30 Uhr

Ich möchte mein Revier verlassen und komme zum Schranken. Öffnen kann ich ihn, doch nützt mir das nicht viel. Denn
auf der anderen Seite steht vor dem Schranken, mitten auf dem
Weg, ein geparkter Wagen. „Kann ich nicht rein, sollst du nicht
raus", hat sich der Fahrer wohl gedacht. So bleibt mir Zeit, über
die Rolle des Jägers im Walde nachzudenken. Derjenige, der neben dem Förster am meisten für den Wald und seine Bewohner
tut und viel, viel Geld dafür aufwendet, hat das geringste Recht.

20. Dezember

8.00 Uhr

Die Christbaumklauer sind unterwegs! Außer dem Sägen und
Hacken, das da und dort zu vernehmen ist, sind ihre Spuren in
den Jungkulturen nachweisbar.

11.00 Uhr

Unter dem Gamssitz, von welchem man die Wandeln ge-
genüber gut überblicken kann, ist auf dem eisigen Fahrweg im
Sommergraben ein Auto hängen geblieben. Und nun wird x-mal
versucht anzufahren, erst ohne und dann mit untergelegten
Fichtenzweigen, die von den Bäumen gerissen werden. Es stinkt
nach verbranntem Gummi und heißem Öl. Das komplizierte
Rückfahrmanöver auf der engen, rutschigen Straße erleben
Gams und Jäger nicht mehr. Sie sind dahin.

16.00 Uhr

Ich hocke auf dem Hochsitz über dem Fuchsluderplatz und
harre der Dinge, die da kommen sollen. Es sind aber Menschen,
die da kommen – Schiläufer, welche mit Hallo mitten durchs Revier abfahren, nachdem sie sich den ganzen Tag auf der Piste
des „Alpengasthofes" im Nachbarrevier getummelt haben. Mein

Anruf – sie mögen doch auf den Fahrwegen bleiben – wird wie folgt beantwortet: „Halt's Maul, Alter, sonst fangen wir dich vom Sitz herunter!" –

Warum ich das alles erzähle? Ich bin weder gegen Geologen noch Sportler und Touristen, weder gegen Schwamm- und Beerensucher noch Holzsammler. Aber alles zu seiner Zeit und nicht frühmorgens und spätabends zur Äsungszeit mitten im Revier und Einstand. Und zwar nicht zum Vorteil der Jäger und der Jagd, sondern dem Wild zuliebe. Ich habe bei Hunderten Gesprächen eine erschreckende Unkenntnis feststellen müssen. Fast alle dachten bei ihrem Tun nicht einen Augenblick, daß in unseren Wäldern wildlebende Tiere heimisch sind, die ohnehin genügend natürlichen Störungen ausgesetzt sind. Unsere Industriegesellschaft hat das Wild einfach nicht mehr auf der Rechnung, mit Ausnahme des Kassazettels im Gasthaus nach einem opulenten Essen mit Knödel und Preiselbeer. Also wandte ich mich an unsere Interessenvertretung und die Jagdbehörde, man möge die Begehung der Wälder auf eine bestimmte Zeit, z.B. von 8 bis 17 Uhr, beschränken. Außer einer „Resolution" an die Landesregierung habe ich nichts erreicht. Das sei ein heißes Eisen. Länder- und Bundesbestimmungen würden sich überschneiden und außerdem – die 20.000 Jäger seien für die Politiker nur ein Mandat. Da war die Katze aus dem Sack! Es geht nicht um das ökologische Gleichgewicht, nicht um den Naturschutz und viele andere Werte mehr, sondern um Mandate, um mit Uhukleber bestrichene Sessel. Wäre es nicht eine vornehme Aufgabe, für die ganze Bevölkerung aufklärend zu wirken, daß die Öffnung des Waldes auch Pflichten mit sich bringt und daß ein Wald ohne Wild nur Holz ist. Schon regt sich die Einsicht. Ein Nachbarland hat die Begehung des Waldes von Sonnenaufgang bis -untergang beschränkt.

Die Insel

Die Stube der Jagdhütte war in das heimelige Licht einer altertümlichen Petroleumlampe getaucht. Der frisch gekalkte Kachelofen mit seinen grünen, runden Buckeln verbreitete eine angenehme Wärme. Die beiden Männer, die gerade von den Fütterungen heimgekommen waren, machten es sich in den roh gezimmerten, mit rot-weiß karierten Polstern ausstaffierten Stühlen bequem. Eine Flasche Welschriesling aus den sonnigen Lagen des steirischen Südens, soeben aus der Kühltruhe der Winternacht hereingeholt, stand auf dem Tisch. Der Alte nahm einen kräftigen Schluck, lehnte sich zurück und hub zu erzählen an:

„Du fragst mich, wie die Insel aussehen soll, auf der ich leben möchte? Die Frage ist verständlich. Wer möchte nicht – in Zeiten wie diesen – aussteigen, weit weg ziehen auf eine einsame Insel, ein glückliches Eiland? Sie ist leicht zu beantworten – ich kenne die Insel. Es ist Mauritius im Indischen Ozean. Das blauviolette Meer, die türkisgrüne Lagune, die seltsam geformten, nicht zu hohen Berge im Hintergrund, feiner weißer Sandstrand, Palmen, Sonnenschein. Die freundlichen braunen Menschen, die Inder und die lustigen, tüchtigen Chinesen. Eigentlich zu viele Menschen für ein so kleines Fleckchen Erde.

Also doch nicht Mauritius – nein, natürlich die Nachbarinsel ist es – Réunion, wo ich in einem Einschnitt des Riffs schlafende Haie berührte, wo die vulkanischen Berge vom Meer allmählich bis auf 3.000 Meter ansteigen und viel weniger Menschen wohnen als auf Mauritius. Allerdings die vielen Seeigel in der Lagune störten mich ein wenig, und die kargen Schründe der erloschenen Vulkane erinnerten an eine Mondlandschaft.

Also doch nicht Réunion? Nein, Guadeloupe in der Karibik gebührt die Krone. Der Sandstrand ist dort sogar rotgepunktet. Es gibt einen bergigen Teil und einen sanft gewellten, geteilt durch einen salzigen Bach, ein winziges Meeresrinnsal. Und die Mulattinnen in ihrer hübschen Tracht sind eine Augenweide. Allerdings, der noch tätige Vulkan, der Soufriére, hüllt sich meist in Wolken, und aus diesen regnet es zuweilen so schwefelig, daß der Geruchssinn beleidigt wird und die herrlichen kreolischen Gerichte nicht munden. Obwohl die Felszeichnungen der Arawak-Indianer hochinteressant sind, so gemahnen sie doch daran, daß dieser friedliche Stamm von den kriegerischen Karaiben mit Putz und Stichel aufgefressen wurde.

Nein, doch nicht Guadeloupe. Natürlich, das nahe Martinique, Heimat der schönen Josephine, Gemahlin Napoleons, ist die Königin der Inseln. Madinina nannten sie die Arawaks – die Blumeninsel. Wie das blüht und sprießt, einfach bezaubernd. Und den köstlichen Rum nicht zu vergessen, besser als jener von Réunion, gebrannt aus Zuckerrohr feinster Qualität, pur zu genießen oder als Mixgetränk mit exotischen Fruchtsäften. Einschränkend muß ich vermerken, daß der Mont Pelé Anfang des Jahrhunderts explodierte und 30.000 Menschen in wenigen Sekunden durch eine heiße Giftwolke tötete. Nur Sylbaris, ein Verbrecher, der in einem tiefen Kerker schmachtete, überlebte. Martinique – Todesinsel, nein, doch lieber nicht. Daß mir nicht gleich Bermuda einfiel. Nicht zu heiß, wenig Menschen, kaum Autos, Alt-England wie vor 100 Jahren, mit freundlichen Polizisten in Bermuda-Shorts. War das ein Schlag, als mein Golfball über das Loch tief unter mir auf die Klippen sprang und nach zierlichen Hüpfern in den Atlantik plumpste. Die sichelförmigen Sandbuchten müssen gerühmt werden mit den vorgelagerten Felsbarrieren, die oft von den Wassern des Ozeans ausgehöhlt wurden zu Domen und Torbögen. Freilich muß man die seltsamen Legenden über das tückische Bermuda-Dreieck bedenken, und die Friedhöfe mit den Gebeinen der vielen elend hier zugrunde gegangenen afrikanischen Sklaven würden mir dieses Paradies ein wenig verleiden.

Apropos Paradies. Daß man auf das Beste immer zuletzt

kommt: nichts ist Moorea gleich. Jener Perle der Südsee, die noch nicht wie Tahiti vom Tourismus überschwemmt ist. Eine herzförmige Insel, auf welcher man sein Herz nicht nur an die sanften polynesischen Mädchen verliert. Alles ist Harmonie, alles ist Schönheit. Die wildgezackten Berge bilden die Kulisse für die Szenerie eines wogengepeitschten Riffs, einer klaren Lagune mit sanftem Wellenschlag, einem feinkörnigen Sandstrand, an dem es sich so herrlich entlanggaloppieren läßt, und einem Hain von Millionen von Kokospalmen, die ohne menschliches Zutun gedeihen und alles spenden – Nahrung, Kleidung, Taue und Dächer.

Wenn ich es recht bedenke, noch schöner ist Bora Bora, von Mitchener in seinem Buch „Hawaii" besungen als die schönste Insel der Welt. Dort trifft alles zu, was von Moorea gesagt wurde, aber die Insel ist intimer und von einem Kranz kleiner Inselchen umgeben. Motu Tapu ist das winzige Eiland in diesem Atoll, auf dem ich mein Herz endgültig verlor. Dort saß ich am Strand neben dem Wurzelgewirr einer gestürzten Palme, weit weg von Zank und Neid, von dem Hunger nach Ruhm und Macht, sah hinüber über den Mast meines Segelbootes, mit dem ich gekommen war, auf die grünen Berge von Bora Bora und war glücklich. Wenn ich ein Loch grabe, dachte ich, tief und immer tiefer, durch den Erdmittelpunkt und auf der anderen Seite wieder heraus, dann bin ich in meiner Heimat Österreich, wo gerade bitterkalter Winter ist, während hier ewiger Frühling herrscht.

Und plötzlich hatte ich Sehnsucht nach Schnee, nach glitzerndem Eis, nach den Jahreszeiten auf der Insel Austria im Herzen Europas. War dies das Ende meiner Reise zu den glücklichen Inseln, war der Aussteiger wieder heimgekehrt? Von da an war es nur noch ein kleiner Schritt zur Erkenntnis. Ich hatte sie endlich gefunden. Die herrliche und schreckliche, die gehaßte und unsagbar geliebte Insel, die so einsam und verloren durch die Welten segelt. Diese Insel ist der blaue Planet. Unsere gute Mutter Erde."

Als der Alte geendet hatte, saßen die Männer noch ein Weilchen im stummen Nachklang der Erzählung am Tisch. Die Flasche war leer, die Lampe heruntergebrannt, der Ofen abgekühlt. Der Jüngere, welcher den Worten des Alten fasziniert gelauscht hatte, brach als erster das Schweigen:

„Gehen wir noch einmal nach draußen?"

Der Alte nickte, die Männer erhoben sich und schritten vor die Hüttentür in die kalte Winternacht. Am dunklen Firmament über ihnen strahlten Millionen von Sternen, ein Anblick, wie ihn nur noch die Berge schenken.

Die einsame Reise ihres Planeten durch das Weltall vermeinten beide körperlich zu spüren. Es war ein Gefühl wie Glück, an dem Wunder teilhaben zu dürfen, oder Sehnsucht, mehr von dem Geheimnis zu erfahren, aber auch ein leichter, ziehender Schmerz, ein Abschiedsschmerz.

Waidmannsheil

Der Strom der Zeit hat das alte Jagdjahr in das tiefe Meer der Vergangenheit fließen lassen. Dort aber bewahren wir alle Inseln der Erinnerung.

Die Erlebnisse ragen wie Felsen aus den weiten Wassern des Vergessens. Glückliche Stunden, wenn unsere Gedanken gleich Möwen von einer Insel zur anderen fliegen.

Ein neues Jagdjahr aber kommt auf uns zu. Gleich einem klaren Bergbach springt es uns munter entgegen. Aus der Quelle der Tradition, aus der tiefen Quelle dort im Berg, wo auch Volk und Heimat ihren Ursprung haben.

Was das Neue uns Jägern bringen soll? Oder besser, was ich als nur einer von euch von Herzen wünsche? Es möge klar und einfach sein. Frei von Zank und Neid, frei von Eigennutz und politischen Auseinandersetzungen. Es soll ein Bergbach bleiben, kein Gestrüpp von Paragraphen möge seinen Lauf hindern.

Und wenn das Jahr Trübes bringt, so möge es sich klären, so wie der Bergbach sich selbst reinigt, wenn Schlamm und Schlick in ihn fallen. Hundert Meter weiter unten ist er wieder sauber. Möge auch von uns alle Schlacke fallen, wenn wir wandern mit dem Bach, mit der Zeit im neuen Jagdjahr. Mögen wir uns besinnen auf das Wesentliche. Alles Drumherum beiseite. Horchen wir in die Natur hinaus und in uns hinein. Da ist alles klar und einfach. Güte, Toleranz, Liebe zu Wald und Wild, Waidgerechtigkeit, Freundschaft und was der edlen Werte noch mehr sind. Alle fehlen wir und sind von der Vollkommenheit weit entfernt. Laßt uns aber fortschreiten im neuen Jagdjahr auf diesem Wege, dann ist auch der geringste unter uns ein Herr.

Der Autor

Reichsfreiherr Prof. Dipl.-Ing. Karlheinz Tinti hält Diavorträge über seine ausgedehnten Weltreisen und spricht in seinen Jagderzählungen mit größtem Erfolg auch den Nichtjäger an.